新时代职业教育服务乡村振兴研究

胡湘梅 / 著

河北大学出版社
·保定·

出 版 人：刘相美
责任编辑：李丽华
装帧设计：张彦琪
责任校对：陈浩苏
责任印制：常 凯

图书在版编目（CIP）数据

新时代职业教育服务乡村振兴研究 / 胡湘梅著 . 保定 ：河北大学出版社，2024. 5. -- ISBN 978-7-5666-2389-8

Ⅰ . G719.2；F320.3

中国国家版本馆 CIP 数据核字第 2024AP9172 号

出版发行：河北大学出版社
地址：河北省保定市七一东路 2666 号 邮编：071000
电话：0312-5073019 0312-5073029
邮箱：hbdxcbs818@163.com 网址：www.hbdxcbs.com
经 销：全国新华书店
印 刷：涿州市般润文化传播有限公司
幅面尺寸：170 mm × 240 mm
印 张：11.75
字 数：155 千字
版 次：2024 年 5 月第 1 版
印 次：2024 年 5 月第 1 次印刷
书 号：ISBN 978-7-5666-2389-8
定 价：68.00 元

如发现印装质量问题，影响阅读，请与本社联系。
电话：0312-5073023

前　言

我国已经进入中国特色社会主义新时代，这意味着我国社会的政治、经济、文化、教育等都已经或正在发生深刻的变化。进入新时代，乡村振兴战略的积极推进，必将对有效解决我国长期以来存在的城乡发展不平衡、农村社会发展不充分问题，以及促进城乡融合发展及后扶贫时代的精准扶贫、提升农民生活品质产生重大而深远的影响。

实现乡村振兴战略“产业兴旺、生态宜居、乡风文明、治理有效、生活富裕”的总目标和任务，关键在人才，在于拥有一支知农、懂农、爱农的新型职业农民队伍，在于有一批具有乡村情怀、能够带领广大农民从事现代农业生产、具有创业精神和积累了丰富人力资本、社会资本的乡村精英。这些人才固然可以通过高校培养一些，也可以少量引进一点，但基于我国农村的现实状态，大批量的新型职业农民和多层次的乡村精英的培育还有赖于农村中高等职业院校及社区教育中心路径的支持。乡村振兴需要高素质的专业技能人才，职业教育是培养高素质专业技能人才的重要途径。职业教育在整个新农村建设过程中应发挥基础性、先导性和全局性作用，职业教育如何为乡村振兴服务，成为现阶段职业教育改革发展的一个重要课题。

本书从职业教育服务乡村振兴的理论基础与影响因素介绍入手，针对职业教育的理论基础、农村职业教育的理论基础、乡村振兴的理论基础、乡村振兴战略的影响因素进行了分析研究；此外，还对乡村振兴战略概述、新时代职业教育服务乡村振兴的现实基础和不足、新时代职业教育服务乡

第三节 乡村振兴人才培育政策的变革取向 …………………… (104)
第六章 新时代农村职业教育服务乡村发展的路径与模式 ………… (115)
第一节 新时代农村职业教育发展路径 ………………………… (115)
第二节 新时代农村职业教育发展模式 ………………………… (138)
第七章 新时代职业教育服务乡村振兴战略的实施策略 …………… (150)
第一节 新时代职业教育助推乡村振兴战略的主要动力 ……… (150)
第二节 新时代职业教育助推乡村振兴战略的组织保障 ……… (159)
第三节 新时代职业教育助推乡村振兴战略的运行模式 ……… (162)
参考文献 ……………………………………………………………… (179)

第一章　职业教育服务乡村振兴的理论基础和影响因素

第一节　职业教育的理论基础

一、职业教育理论

中国现代职业教育是社会的子系统，始终立足于社会大背景而生成，涵盖不同维度、多门学科，相应地，其理论体系必然受到环境因素的影响，如经济、文化、科技等。因此，必须打通中国现代职业教育理论体系的通道，使内外相通，更好地吸收外部的物质、能量和信息，对其学术形象进行多维度的塑造。对中国现代职业教育理论可以从四个方面进行诠释：一是从属性上看，中国现代职业教育理论隶属于哲学社会科学的范畴，有三个相互关联的问题需要回答，即中国现代职业教育是什么、为什么和怎么做。二是从内涵上看，中国现代职业教育理论是在实践中形成的，是系统化的职业教育科学知识，也是对职业教育本质和规律性的理解，通过系列逻辑论证和大量实践检验并由一系列概念、判断和推理过程最终形成的现代职业教育认知体系，是对中国现代职业教育活动理性思考、理论说明和理论解释活动的总称。三是从时间上看，“现代”是既定于新中国成立以来，尤其是改革开放之后的现代职业教育理论体系。四是从结构来看，中国现代职业教育理论体系是人们根据已经认识的一些规律及规律间的联系建立的由职业教育概念、公理或规律所构成的系统，主要由概念体系、逻辑体系和范畴体系这三个相互关联的体系从点到线再到面的联通而构成的中国现代职业教育理论体系框架。

二、整体教育理论

整体教育（Holistic Education）理论强调“以人为本”，突出“人文关怀”的教育思想，追求“人文”“科学”与“创造”的和谐统一，坚持以“人的全面发展”为核心诉求，注重系统全局与个体局部的协调与可持续发展，在本质上与北京大学所倡导的“精致化”思想的基本特征相契合。整体教育理念于20世纪70年代在北美被提出，是当代人文主义教育思潮的典型代表，是整体主义思维模式和行动理念在教育方面的广泛使用。整体教育的核心倡导者隆·米勒（Ron Miller）指出，由于整体教育革命的逼近，当代文化正经历着“范式转换”（Paradigm Shift），从方法论的角度理解，实际上意味着整体教育引发了教育实施手段的革命性变化。也有学者认为，整体主义所秉承的价值观是宇宙中任何事物都以某种方式同其他事物相连。因此，整体教育是瞄准“关联”的教育，包括逻辑思维与直觉思维的“关联”、身与心的“关联”、知识领域之间的“关联”、个人与社区的“关联”、人类与地球的“关联”及自我与本性的“关联”等。整体教育理论提出了十大原则：人性优先、尊重每一个人、重视体验性学习、向整体教育转型、新型教师的作用、选择的自由、民主型社会的创造、全球教育、求得共生的生态型教育和灵性教育。

三、教育公平理论

教育结果公平理论是美国哈佛大学教授约翰·罗尔斯（John Bordley Rawls）提出的。他推论正义的一般观念是“所有的社会效益——自由和机会、收入和财富、自尊的基础都必须平等地分配，除非对某一种或所有社会效益的不平等分配将有利于最少受惠者”。基于这一观念，他还提出了两个具体的原则：一是平等的基本自由原则。美国《独立宣言》中就有“人人生来平等”，都应公平地享受权利与自由；二是差别原则，即经济和社会应该保证不同成员的利益。因此，要想实现在教育领域的公平，需从三个方面做起：一是每个人都能平等地接受教育；二是在教育资源分配中每个人占有公平的份额；三是不平等教育资源的分配要符合最少受惠者获得最大利益，对不利成员进行适当的照顾。因此，罗尔斯认为，要想真正实现教育资源分配公平，唯一的办法就是通过资源再分配改善最不利者的劣势和资源。

职业教育发展相较于普通教育需要更多的资金来维系，然而农村经济落后，需要政府大量的财政投入。就罗尔斯的教育结果公平理论看来，要尽力通过某种再分配使社会成员都处于一种平等的地位。一方面，政府要侧重于对农村职业教育的财政投入，确保农村职业教育享有城市职业教育同等的资金支持和基础设施建设，达到相对公平，推动农村职业教育稳步发展。另一方面，城市职业教育在资源、条件等方面都具有优势，所以农村职业教育可以多向城市职业教育借鉴和学习；与此同时，城市职业教育也可以支援农村职业教育，带动、促进农村职业教育的发展。双方可以通过建立职教集团的方式推动城乡职业教育的互动发展，以城带乡，实现城乡联合、校校合作、校企结合，使农村职业教育快步发展。

四、产教融合理论

目前，关于产教融合概念，众说纷纭，其中“产教融合”中的“产”泛指产业，在经济学中，产业泛指在教育领域以外的国民经济的各部门；“教”泛指教育，此处特指职业教育，从层次上可划分为初等职业教育、中等职业教育和高等职业教育；“融合”即“交融”之意，泛指不同形态或特质的事物相互结合、相互吸收，最终结合成一个新的整体，并且重新赋予该整体新的内涵和特点是最为普遍的理解。也有另外一个较为具体的解释，如“产”泛指产业，指在社会专业分工基础上所形成的相对稳定、相对独立的国民经济部门或行业；“教”泛指教育，特指职业教育；“融合”即融入、合作。产教融合的基本内涵是产教一体、校企互动。源于职业教育与产业之间的天然联系，要想提升技术技能人才的培养质量，校企双方必走合作与融合之路。职业院校与产业进行合作是一件双赢的事，如此不仅可以提高技术技能人才培养的质量和职教办学水平，而且可以提高技术技能人才培养的主动性和准确性，形成学习与工作一对一的对口关系；产业与职业院校的合作，不仅能够获取自己所需要的技术技能人才，还能提高在职职工的职业素质和技术技能水平，从而提高生产效率。

关于产教融合理论，诸多学者希望借助不同的理论或思想予以阐释。系统论从教育、政治、经济等多领域来阐释产教融合，认为其是一项系统工程。处于系统中的院校无法单独完成产教融合，需借助多种系统功能，包括经济系统（含产业、行业、企业系统）、政治系统（政府政策的支持，各部门的统筹协调）、文化系统（企业文化、学校文化）等。利益相关者理论中的产教融合涉及诸多利益相关者，如院校、企业、政府等，在实现利益追求和价值追求的推动下，各类利益主体参与产教融合。学者孙善学从马克思主义两种生产理论出发，认为产教融合理论是研究职业教育系统与产业系统关系的理论，是分析职业教育活动目的、方式、标准、内容来源的方法论体系。这一理论包括职业教育目的论——以满足产业用人需求为产教相融的目标；职业教育标准论——以产业行业职业标准为教育标准；职业教育教学论——课程和教学模式与产业合作；职业教育治理论——以教育界、产业界为主体，政府、学校、社会、行业、企业等利益相关方协同治理；职业教育系统论——职业教育的基本特征是产教融合，要想正常维系职业教育系统及其子系统的运行，就离不开产教融合。现今虽未形成统一的产教融合理论体系，但我们的研究依旧在产教融合理论内涵研究上展开。

五、终身教育理论

20世纪20年代，终身教育理论进入人们的视野，逐渐被人们所熟悉、接受。1970年，保罗·朗格朗（Paul Lengrand）出版《终身教育引论》一书，使“终身教育”演变为科学概念。终身教育是一体化的教育体系，可被分为两个方面进行阐释：从纵向上看，终身教育把人的一生不同阶段的教育纵向连接起来，包括学前教育、学校教育、成人教育、继续教育；从横向上看，终身教育把不同领域的教育横向连接起来，包括家庭教育、学校教育、社会教育。终身教育与传统意义上的各种教育相比，有着很大的区别，尤其是它内涵颇丰，具体表现在以下几个方面：

其一，在教育目的取向方面，注重以人为本，以人的全面发展为最终目的。

其二，在教育对象方面，重视教育的对象为全体社会成员，无区别对待，由此也说明了公平性。终身教育打破了时间、空间、教育类型的界限，人人皆可学习。

其三，在教育时间方面，表现为终身性。

其四，在教育空间方面，表现为全方位性，可辐射到任何一个地方，使人们的工作、生活的场所都具有教育功能。

其五，在教育内容方面，表现为全面性，提倡德、智、体、美、劳全面发展。

其六，在教育体系上，表现为开放型，教育系统向社会开放，教育资源向所有人开放，尤其是向学习者个人开放。

职业教育是实现终身教育的一种重点教育形式。与此同时，农村职业教育也逐步向终身教育的方向发展。在终身教育理论的指导下，职业教育将会成为一种教育类型并始终贯穿人的一生。

第二节　农村职业教育的理论基础

一、农村职业教育理论

农村职业教育是现代职业教育的重要组成部分，农村职业教育的服务对象有别于其他教育服务对象，主要服务于“三农”，即以农业、农村、农民为主，基本目的是为在农村生活或生产的社会成员提供教育平台，提高其职业技能。它具有多项特点，包括职业教育方面的许多基本特性、自身特点及与农村相关的性质特点。

对于发展中国家来说，农村问题是主要问题，导致农村贫困落后的主要原因不是缺乏自然资源或资金，而是农村教育落后，只有加强农村教育，才能够解决农村问题。舒马赫认为，如果赠予的是知识和精神财富，接受者能够将这些财富变成自己的东西；而赠予的是物质财富，就是完全不同的情况，正如“授人以鱼，不如授人以渔”。因此，对接受者最好的援助是在精神上和知识上。在舒马赫看来，其侧重的教育最主要的任务就是向接受者传授怎样去对待生活及应该拥有什么样的价值观念，因而是一种“正确的教育”。教育本身是建立在教育实用价值的标准之上的，舒马赫认为，农村教育并不是使一些生活在农村的人向城市发展，而是使农村发展得更好，接受农村职业教育就要承担一定的责任和义务，为促进农村经济的发展奉献自己的力量，这才是使农村发生改变的本质所在。舒马赫认为，单纯的科学教育是不可能挽救人类的，科学教育太深奥、太枯燥、太呆板，应该向人们传递正确的思想状态和精神面貌，从而改变农村的整体面貌。

二、教育成本收益理论

教育成本，是指为了教育活动所耗费的私人、家庭或社会资源的总和，其数量通常换算成货币形式。教育成本被分为可量化的货币成本和难以量化的机会成本。教育投资的货币成本是指直接用于教育行为的物化劳动和活劳动折合为货币形式的总数。货币成本又可被分为社会货币成本和私人货币成本。社会货币成本指的是国家或政府用于教育事业发展的财政支出及社会上的合法集资、公益捐献等经费。私人货币成本是指学生私人或家庭用于受教育行为而支付的相应教育费用。机会成本有广义与狭义之分。广义的机会成本，通俗地讲，指的是有多套方案供选择，选择一项可以达到目标的方案而舍弃其他可能创造更大收益的方案，被舍弃的方案即可被称为机会成本。比如，为了教育行为而消耗的资源，倘若把该资源放到其他领域，而不是教育方面，将会达到更佳的效果。与广义机会成本相反，狭义的机会成本是指为了达到某一目标而丧失的资源的价值。例如，学校的固定资产损失的利息、租金收入、磨损所造成的维修费用、学生因接受教育而放弃的就业收入及地位提升的机会等。在教育经济学中，狭义机会成本用得较多，在本科毕业生为是否接受更高一级的硕士研究生教育决策方面表现得尤为明显，原因在于本科毕业生已经完全具备了可以在社会上通过本科期间学习的专业知识来换取相应收入的能力，这与初中毕业生在结束国家九年义务教育后考虑是否继续接受高中学习不是同一概念。如果本科毕业生决定接受硕士研究生教育，就意味着要错过获得更多收入的机会。

教育投资收益在理论上有两大属性：经济收益和会计收益。经济收益是指投资主体在某一时期净资产现时价值变动的结果，这与资产计价密切相关，而且资产会依据可以为企业带来的未来预期收益的现时价值来计价，此时对于预期收益的正确评估对最终收益十分重要。会计收益指的是经济主体在一定时期内已经实现的收入和对应的历史时期的成本之差。会计收益更能反映收益的动态性，有助于了解企业的阶段性经济发展状况。教育经济学中的教育收益指的是通过接受教育而提高受教育者的知识水平、技术能力等，并且因此给私人带来的增长性的经济收益。教育收益有投资性收益和消费性收益之分。投资性收益指的是一种符合市场规律的货币性收益，衡量指定等级的教育的投资性收益可以利用接受这一级别教育的劳动者的工资收益与接受下一级别教育的劳动者的工资收益之差来表示。消费性收益指的是一种非市场化的非货币形式的收益，是因为接受教育能带给受教育者及其家庭在精神满足程度、家庭生活、经济理性、情感等方面难以量化的重要收益。教育投资还有另外一种外部收益，即除了受教育者本身及其家庭外，还带给社会及其他外部成员的非市场化、非货币性收益，是不可量化的收益。

四、人力资本开发理论

1960 年，美国经济学家西奥多·舒尔茨（Theodore W. Schultz）在美国经济学年会上进行了有关“人力资本投资”的演讲，提出了人力资本理论，并且被广泛推广，为世界学者所关注。人力资本由人力资本存量和人力资源质量组成。其中，人力资源质量又由人力生产能力、受教育程度和科技文化水平构成。人力资本即除劳动者自身自然能力之外（原始能力属性），其身上凝聚着的抽象的附加能力。这种能力包含由劳动者后天受教育、掌握技能熟练程度和个人突破创新所展现的劳动附加能力。舒尔茨认为，生产力的提高不能仅仅从土地使用的增加、物质资本的积累和自然资源利用的提升来实现，他很好地将人力资本概念引入其中，并且与规模经济和物质资本相对比，提出资本生产中最重要的环节就是人力资源通过掌握知识技能等方式提升人力资本资源量，人力资本中的教育投资能够更好地促进现代经济的增长。人力资本的投资实质就是让人从原始状态转换为人力资本的过程，是对人力资源进行开发利用与配置；具体来说，就是以培训或教育等手段，以财力费用支出为基础，以知识、技能、体力、智力为对象，以提高素质、挖掘潜力为最终目的的投资过程。

职业教育是一种投资人力资本的手段，可以通过职业教育提升劳动者的个人素质、培养其技术能力、增长预期收入等，加速人力资本向社会经济增长的转化，促进社会发展。职业教育中的农村职业教育是我国教育体系中的重要组成部分。农村职业教育是积累农村人力资本最重要的方式，所以大力发展农村职业教育可以提高农村生产力，节约更多的物质资本、资金等，使农村地区的社会经济得到发展。农村职业教育在我国教育体系中发挥着十分重要的作用，在农村职业教育中，提升人力资本的方式包括增加物质、技术和资金等资本投入，提高农村职业教育质量，促进农村职业教育人才的培养质量。高素质职业人才可以在实际工作中及时地推广和应用先进的科学技术，使物质、技术和资金的使用效率得到提高。

五、可持续发展理论

随着可持续发展理论逐渐被应用于教育领域，农村职业教育作为培养人的活动，在实施可持续发展战略中至关重要，很有必要实现农村职业教育的可持续发展，从而推动整个社会的可持续发展。伴随着我国乡村振兴战略进程的加快，实现农村职业教育可持续发展成为人们关注的一个重要问题。

（一）农村经济的可持续发展

农村经济可持续发展是指在合理利用和维护资源与环境的同时，实行农村体制改革和技术创新，生产足够的农产品来满足当代人的需求，又不损害子孙后代满足其需求能力的发展。农业是国民经济的基础，农村是社会的基本社区，农业可持续发展是整个社会可持续发展的基础。因此，在实践我国可持续发展战略时，必须研究农业的可持续发展问题，以加强农业的基础地位，促进经济社会的可持续发展。

（二）农村教育的可持续发展

教育的可持续发展战略是在社会可持续发展战略的指导下，通过合理利用教育资源，改善教育发展形态，促使教育均衡、协调、无破坏地发展，以实现教育平等和公正为目标的教育。这是因为经济、社会的可持续发展在很大程度上取决于人的素质的提高，取决于人本身的可持续发展，而人的素质的提高正是教育发挥其育人功能的结果。可持续发展对人的素质与品质的要求，促使我们进一步从可持续发展的高度审视教育目的与培养目标。农村教育是为农村经济和社会发展服务的，随着我国农村经济、科技和社会的快速发展，农村教育在发展战略思想、目标、对策和措施等方面应做出相应的调整，使我国农村教育的发展与经济、社会发展的需要相适应，这种农村教育才是可持续的，对于农村经济来说才可称为协调。

第三节　乡村振兴的理论基础

一、城乡分离与社会发展

在原始社会中，城乡没有明确的界限，因为那时候的人们处于社会尚未开化的阶段，生产力落后，乡村能够满足人们必要的生活和生产的需要。随着人口的增长和生产力的发展，社会开始变革，原有的生产关系产生动摇，促进了城市与乡村之间的分离。

二、生态经济学理论

20世纪60年代，美国经济学家肯尼斯·鲍尔丁提出了生态经济学思想。该思想将生态与经济有机结合在一起，在一个生态被破坏的社会里，经济效益也不会增加，生态与经济统一在社会中，二者不可分割。生态经济学理论的提出使生态价值与经济价值等效，提醒人们在追求经济效益的同时，也要重视生态环境的保护。生态经济学理论不仅丰富了经济学理论，还为生态环境遭到破坏的一些国家提供了一个全新的发展思路，而生态农业的发展正是将生态效益与经济效益完美的结合。

（一）生态农业依据的原理

生态学家马世骏提出了“整体、协调、循环、再生”原理。“整体”是系统学理论的基本特性，指部分组成整体，但整体的功能并不是部分的简单加总，而是往往产生新的功能或大于部分之和，产生 1＋1＞2 的收益；“协调”说的是要想产生 1＋1＞2 的收益，则部分间也就是生物间应协调发展，互惠共存；“循环、再生”则表达了农业生产中可持续发展的思想。

“生态系统的能物流”原理包括生态系统的物质守恒原理和生态系统的能量转化原理，在农业生产中，可以投入多种多样的能物流来促进农业生产。

经济学的“经济外部性”原理，即在农业生产中，处在上游的生产者若为了节约污水处理成本而破坏了水环境，虽然节省了成本，但是下游的人们会增加使用水的成本。这样，生产企业就把自身的成本外摊到社会中。

（二）生态经济理论给我们带来的启示

从生态经济理论中，我们知道在农业生产中，不能过分地看重经济效益而忽视生态效益，生态环境是经济发展的基础，生态环境的破坏将会对农业经济效益带来负面影响。我国的农业生产应坚持可持续发展之路和“整体、协调、循环、再生”的原理，以达到经济效益、生态效益和社会效益三者的紧密结合，促进农业生产。

三、城乡统筹理论

城乡统筹包括两个方面的内容：一方面，它表述的是一种理想社会状态，城乡水平的差距、发展、和谐共生及社会保障和福利在该状态下不会有明显差距，是一种和谐共赢的发展局面；另一方面，它能建立和实施一系列的政策措施，调节城乡关系，重建城乡空间结构，协调经济和产业发展，维护各自和彼此的互动和可持续，消除城乡之间的隔阂，调节财政和税收收入的国民再分配，实现民主平等、以人为本的理念，共享我国改革开放和经济发展成果，是一种社会发展和管理的方式。在经济社会快速发展、综合国力显著提高的局面下，我国应抓紧有利时机，加强城市对农村的辐射带动作用，在制订经济社会发展规划、调整收入二次分配、出台重要政策措施等方面，加大对处于弱势地位的农村地区的扶持，把工作重点放在扶持“三农”发展上，着力解决好“三农”问题。

（一）“田园城市”理论

工业革命时期，英国人埃比尼泽·霍华德在《明日的田园城市》中最先提出城乡统筹的理念。在大量农民进城，城市人口日益膨胀；城市规模无序扩张，大量贫民居住条件恶劣；城市公共服务短缺，道路拥挤；环境污染，人们的生活水平降低的时代背景下，城市发展所出现的问题中，他的“田园城市”理想的城乡统筹发展模式应运而生。他用“社会城市”的概念诠释城市的组织结构是一种城乡统筹的理想社会形态，“田园城市”模式的初衷就是为了解决城市空间发展的问题，也为农村发展指引了一条道路；“田园城市”模式把城市和农村的功能融合为一体，是理想化的城市和乡村的“连体婴”，实质就是城乡融合。这个理论的创立为实现城乡共同和谐发展指明了一条道路。“田园城市”就是千百年来人们孜孜以求的理想家园，是人们的“理想国”，更是人类对美好生活的向往。

（二）城乡一体化理论

城乡一体化理论提出，城市与乡村两者之间要借助便利流通的社会资源和产业发展要素，通过协作发展、资源共享，实现互利共赢。它要消除城乡冲突，优化和合理配置城乡资源，促进城乡在经济、社会、生态、文化等方面的融合，实现人民对美好生活的向往，并且以“以城带乡，以乡促城”的方式推动城乡一体化的实现。城乡一体化理论把城市作为发展的核心，将城市与乡村产生相互作用的区域作为物质空间，强调城市对农村的带动作用，强调城市对乡村的吸引和辐射力在城乡一体化中发挥了重要作用。城乡一体化理论体现了一种城乡发展的传导效应，强调城市和乡村发展的互利互惠、相互依赖，它所描述的地域抽象性比较强。该理论阐述的城乡一体形成机理和演变过程在不同的国家和地区可能存在不适用的问题，但是对于我们研究基于城乡关系的村庄空间发展模式具有一定的参考价值。

（三）现代城乡融合理论

大部分发展中国家实施的是重点优先发展城市的政策，导致城市无序扩张，人口增长过快，城市病严重；与此同时，乡村自生自灭，甚至发展空间受到打压。在此背景下，20 世纪 60 年代，研究城市的学者刘易斯·芒福德（Lewis Mumford）设想把城市与乡村进行融合，在此区域重新发展成一个新城市，与所在的区域达到平衡发展，人们都可以过上更加高品质的城市生活。而戴维·杰泽夫（David jezeph）等人则是通过对发展中国家的城市核心区、农村发展区和农村发展中心等各个层次的空间模式进行研究，提出三维的城乡空间合作模式，试图通过城市和农村的优势互补以破解发展的瓶颈。

四、产业发展理论

产业是指具有某些共同特性的企业集合、具有相同性质的生产或从事其他经济社会活动的企业、事业单位、机关团体和个体的总和。产业是国民经济的重要组成部分，企业则是构成产业的基本单元。产业发展是一个从低级到高级的过程。产业的形成指从事生产经济活动的企业从无到有、从少到多的发育过程，并且逐步达到一定的规模，构成属于自己的产业链并形成独立产业的过程。产业形成的两个关键因素：一是新技术的产生和推广应用，因为技术进步是产业变革和进化的核心力量，新技术的产生和推广应用也是科学技术发明创造的价值实现过程。二是企业创新和产业创新，它们能将多种生产要素重新组合，将原有的生产方式进行创新并分离出来形成新的产业。

产业发展是产业不断成长和演进的过程。总的来说，产业遵循的是不断成长、壮大和现代化的过程，它的发展依赖于产业革命，而产业革命是产业及各方面所发生的根本性变革。20 世纪 90 年代至今，以知识为基础的经济，知识是产业发展最重要的经济要素；高素质人才是支撑知识经济的重要因素。知识产业成为主导产业，教育与科研成为新兴产业，使知识结构高级化、知识扩散全球化。因此，知识经济与教育和科研具有很强的相关性，知识经济的关键在于知识。究其原因在于，知识的生产与应用将直接带动教育与科研的发展；教育和科研成为专门的产业；知识经济取决于教育对高级专业技术人才和技能人才的培养。

第四节　乡村振兴战略的影响因素

随着社会的不断发展与进步，农村教育作为实施乡村振兴的战略要点，是改善农村人口素质的根本所在。其中，农村职业教育是人们关心的聚焦点，对农村经济社会发展的影响和贡献最为突出，在乡村振兴战略中发挥着举足轻重的作用。然而，由于各种社会条件及经济条件的影响和制约，导致目前我国农村职业教育的发展与乡村振兴战略的实际需求之间的矛盾日益突出，对农村经济社会发展的推进作用还未达到理想的效果。随着乡村振兴及脱贫攻坚战略的不断推进，农村职业教育逐步受到重视，职业教育的发展不仅有利于开发农村人力资源、提高农民队伍的技能知识水平，而且有利于缓解农村自我发展能力不足的难题，这对于实现乡村振兴战略目标具有重要的现实作用。新时代的农村职业教育对于推动乡村振兴战略的发展具有十分重要的现实意义，其对乡村振兴战略的影响因素体现在以下几点。

一、新时代职业教育助推乡村振兴战略的政策保障制度因素

政府作为农村职业教育的主力军，在农村职业教育的建设中发挥着主导作用。国家总体教育水平深受教育资源分配的影响，而农村学校职业教育作为我国基础教育的重要组成部分之一，政府必须逐步加大对其投资力度，不断颁布并完善农村职业教育扶持政策，增强公共教育资金在国民经济生产总值中所占的比重，以农村基础教育建设为主，提高公共基础教育

建设水平。

（一）经济政策因素

在农村学校扶贫建设过程中，政府应发挥其主导作用，目的是均衡教育资源的合理分配，最终实现农村义务教育的全面稳定发展，提升农村居民的整体文化水平。在政府扶贫工作中，重点关注经济困难家庭的子女及残疾儿童，保障他们依法接受义务教育的权利。随着时代的变迁和社会的发展，教育扶贫的聚焦点应逐渐由受教育人口数占总人口数的比例转变为注重其所受的教育水平。因此，政府作为农村扶贫教育的主导者，应积极承担主要责任。首先，为贫困地区的孩子提供更多受教育的机会，提高其受教育的质量和水平；其次，进一步加强对农村学校的教育资金投资力度，着重扶持贫困地区的教育基础设施建设，加大人力、物力、资本的投入，培养更多优秀的乡村教师。

1. 人力资本投入

提高我国贫困地区的人口素质水平应当受到社会的重点关注，政府通过加大人力资本投资力度，为贫困地区人口提高生存和发展能力提供社会保障基础，缓解过去农村地区受教育难的问题，并且以此作为衡量地方政府扶贫工作的考核标准，加强各级政府对贫困地区人力资本投入的重视程度。政府在加大对农村地区学校建设投资力度的同时，也应积极设立帮扶贫困地区农民的公共教育基金，以此作为他们加强脱贫技能培训和文化教育的资金支持，最终实现技术技能的增强及文化素养的提高，从根本上改变落后的思想观念，跟进时代的步伐，真正融入现代社会中，锻炼他们的自我发展能力，进而带动自身脱贫致富，致力于实现最大化的幸福感和成就感。人力资本投资对贫困地区人口实现脱贫致富意义重大，各级政府部门应大力增强人力资本投资力度，一方面有利于推动农村扶贫建设进程，并且在一定程度上降低返贫率，实现真正脱贫；另一方面随着社会矛盾的变化，物质层面的需求早已不能满足人们的发展需求，人们也需要精神层面的满足，所以政府的扶持应满足其双向需求，真正做到利为民所谋。只有这样，各级政府为贫困地区人口脱贫致富所做的各项努力才能体现其根本意义，实现其最终价值。

2. 发展当地经济

改革开放以来，政府一直以经济建设为中心，但城乡经济发展不均衡一直是阻挠我国经济整体高质量发展水平的问题之一，政府不断采取不同措施推动我国农村经济建设，扩大对农村地区的投资，完善公共基础设施，实施优惠政策吸引创业者扎根农村创业，为农民提供更多就业岗位，实现当地就业，增加农民的生活收入，减少农村居民外出务工人数，缓解农村空心化问题。减少农民长期外出务工，不仅能促进农村家庭的整体性，还能减少留守儿童的数量，解决因缺少家庭教育所带来的教育问题。政府在加强乡村经济建设的过程中，应扩大二、三产业的规模，加大二、三产业在经济总产值中所占的比重，因地制宜地推动各种中小型乡镇企业的发展，如纺织业、养殖业、果树种植业、运输业、食品加工业等，为农村劳动力提供除务农以外的更多就业岗位，确保更多的农村年轻人留在家乡发展，为农村孩子营造良好的家庭生长环境，同时为农村经济发展注入更多的活力。农村的各项基础设施建设也是农村经济发展的一大动力，政府应加大力度对其进行建设与完善，如卫生保健、生态环境保护、农田水利设施等。与此同时，随着生活水平的提高，人们在经济、文化、政策、科技、体育等方面的需求也日趋增多，政府部门也应提供更多的保障政策以便于全面提高人们的生活水平，让人们（尤其是农民）切实获得幸福感，降低外出务工的向往值，最终减少农村留守儿童的数量。

（二）教育观念因素

在未成年人的成长教育中，学校教育和社会教育固然重要，但对孩子影响最深刻的还是家庭教育。父母是孩子的第一任老师，无时无刻不在影响着每个孩子的心智成长，孩子在潜移默化中会受到父母行为的影响。父母应给孩子树立一个好的榜样，引领孩子走上正确的人生道路，而一个健全的家庭才能给孩子带来良好的教育环境。与此同时，家庭教育要与学校教育、社会教育有机结合、相互配合，争取达到教育的良好合力。

家庭教育作为农村教育质量提升的重要因素之一，发挥着举足轻重的作用。政府要积极改变农村地区落后的教育面貌，从根本上改变人们落后的教育观念，注入新时代的新型教育理念。有关政府部门应当设立家庭教育咨询机构，积极开展家庭教育相关讲座，组织专业人士进行经验分享，为农村地区的人们提供优质的家庭教育服务，让更多的农村孩子享受国家的优惠政策。农村家长通过一系列学习交流项目，深刻了解孩子在成长过程中不同阶段的教育方式和规律，了解优秀的家庭教育观念以改变原有的传统教育模式，并且从自身方面做起，努力学习科学文化知识，提高自己的文化素养，才能给孩子营造一个良好的家庭成长环境。

（三）社会支撑因素

农村地区的适龄劳动力可以通过职业教育培训，提升职业技能水平，最终依靠自己的能力实现脱贫致富。政府在进行职业教育扶持的过程中，要不断完善其帮扶政策。有关部门要严谨落实免收中职学生学费、颁发国家奖学金等优惠政策。政府应根据实际情况，对高等职业院校中来自农村的经济困难学生，尤其是对就读于涉及农业方面及环境艰苦专业的学生，应给予更多的优惠政策。与此同时，对于那些未能成功升学的学子，政府应提供免费的职业技能培训，如农业、养殖业、种植业等方面的培训等。此外，各级政府部门应紧密结合起来，科学制订相关培训计划，积极设立职业技能培训机构，定期开展技能培训活动，为那些本身具有一定知识与技能但未成功升学的青少年提供所需的成长成才机会。

（四）城乡资源因素

政府在加强对贫困地区进行教育扶贫的过程中，要切实保护好农民群众的切身利益，让他们能够感受国家对他们的帮助与关爱。因此，政府在公共教育资源的配置过程中，应进行适当倾斜，让农村地区获得更多的政府援助。政府应提高对偏远地区农村教师的薪资补贴并给予更多优惠条件，让贫困地区学校的教师切实感受政府的帮助与关爱，吸引更多优秀教师下乡支教。

实践表明，在农村教育扶贫工作中，一对一帮扶方法是切实可行的，将城镇某些优秀学校与农村学校进行一对一结合，农村学校通过有效学习城镇学校先进的管理模式，将其与自身的实际情况相结合，创立独特的办学机制，其中还包含幼儿教育与义务教育，最终实现先进教育资源的共享。在此基础上，政府应实施轮岗制度，让乡村教师、校长有机会进入城镇学校工作，形成城乡合理流动机制，以使城乡教育资源得到均衡化发展，让农村地区的学生能得到高质量的教育。为了促进乡村地区教育发展，除了城乡教师、校长的流动及城区教师的下乡支教，政府应积极号召退休教师到乡村幼儿园、中小学进行教育援助。城区学校应彻底帮扶对口扶持的农村学校，从教学硬件设施、师资、办学方针等方面予以全方位扶持，促进优质资源的合理共享。

此外，政府应注重教师队伍建设并不断改进建设方案。目前，我国政府正在加大对农村教师薪资的改善力度，但由于诸多客观因素的影响，严重阻碍了贫困地区师资队伍的建设，如工作地区较远无法顾及家庭、交通条件艰苦、城乡发展差异明显等。针对这一系列问题，政府开启了大批扶持援助计划，发放交通补贴、建设城乡公路、分配住宿等。由于农村地区职业前景吸引力较弱，教学、生活条件艰苦，由此导致了大量乡村教师的流失、高质量教师不愿下乡支教等问题。农村教师在职过程中，不仅希望拥有良好的物质待遇，更需要国家和社会的人文关爱，只有这样才能让乡村教师切实感受自己的价值所在，才能感受自身是被社会所关注、所需要的人才。

二、新时代职业教育助推乡村振兴战略的职业教育观念因素

（一）人才培养因素

现阶段，人才已经成为助推社会发展的关键因素，也随之成为乡村振兴的关键，人才保障在很大程度上能促进乡村振兴战略的进步和发展。乡

村振兴战略的落实需要一大批具有专业知识的一线技术人员，需要对农业认识透彻、心怀农村的人。建立一支这样的人才队伍去积极建设乡村，发挥模范带头作用，才能带领农民真正走向脱贫致富的道路。与此同时，实施乡村振兴战略的主体不应仅限于政府，农民自身也应是乡村振兴的主力军，也应积极发挥其主体作用，通过不断学习专业技能和先进的农业经营方法，积极参与到乡村振兴建设中去。县级职教中心作为该区域内权威性的职业教育机构，能够有效汇聚不同的优质教育资源，通过在社会各行各业及各种团体组织中吸取各类精英人才，为乡村振兴战略提供源源不断的活力，建设一支高素质、高水平的乡村教师队伍，从而为乡村振兴建设提供强有力的人才支撑。

（二）经济发展因素

目前，乡村振兴备受社会关注，而经济发展作为乡村振兴战略实施的前提与关键，自然成为政府工作的重中之重。经济发展也应满足乡村振兴发展战略的需求，其中主要针对乡村职业教育、区域经济发展等。我国政府始终将发展职业教育作为促进经济发展的重要目标，这成就了我国几代人的目标和梦想。研究表明，产业振兴、精准扶贫成为目前我国乡村经济振兴发展的推动力，职业教育自然成为主要助推力之一。职业教育培养的技能型人才是乡村产业振兴的基本保障之一，能为乡村产业发展提供专业技术知识和信息，有效助推乡村经济发展。

（三）科技支撑因素

目前，乡村振兴战略的发展需要多样化的发展动能。其中，科技创新成为新动能发展的主力军，主要着重于农业知识的生产、传播及配置问题。现阶段，我国社会经济的发展模式逐渐由高速度向高质量转变，社会发展逐步向工业化、城镇化、信息化方向发展。总体格局的变化会带动部分的变化，乡村经济跟随时代发展的潮流也步入了大变革阶段，政府利用科学技术构建了新型农业产业体系、生产制度、经营模式等，与以往的制度体系及运营模式相比大相径庭，促进了三大产业的相互融合发展，给农业生产带来了无限生机和活力，增强了乡村产业的市场竞争力和创新力。县级职教中心促进了科技文化及职业知识的推广与传播，农民可通过在其中的学习得到相应的创新知识，了解更多有关乡村振兴的理论知识。农业生产需要的创新型技术能够为乡村经济发展提供坚实的物质基础，引导人们注重产品质量而非仅仅在乎数量，带动人们收入水平的提升，推动乡村经济稳步向前发展。此外，农业生产的机制创新也同等重要，政府应积极引导农民改变以往的小农生产意识，推动农业生产的产业化转型，扩大生产的规模化改革，带动农业一体化经营，延长产业链，开辟属于中国特色社会主义的新型乡村振兴道路，以科技创新为指导，加快农业管理升级，实现农业资源的合理分配，制定培养农村创新型人才的独特机制，最终推动乡村经济的发展。

（四）文化发展因素

乡村文化作为乡村振兴的根本精神支撑，为乡村振兴战略提供不竭的精神动力和思想保障。广大农村地区作为我国农耕文明的基本物质载体，延续了中华上下五千年的文化，促进了其源远流长、博大精深。我国实施乡村振兴战略，不仅旨在促进乡村经济发展，还为世人探究农耕文化中所蕴含的人文精神、优秀传统文化及高尚的思想道德提供了重要的机会，这些优秀传统文化与道德的传承与发展需要乡村职业教育作为传播媒介，乡村职业教育能在继承与弘扬优秀传统文化、对非遗文化进行保护的过程中，对其进行创新型提升与发展，让优秀传统文化与道德为乡村建设提供不竭的活力。此外，乡村振兴要利用县级职教文化中心的作用，积极探究县域内优秀文化资源的根本价值，建设现代化乡村文化体系；开设有关乡村文化的基础性课程，积极提升乡村文化的创新创造能力，为村民灌输先进的乡村文化，提高村民的文化素养，为乡村文化资源转变为经济资源做好充分的思想准备，用文化振兴助推经济振兴。在乡村文化教育工作建设中，新生代青年作为文化发展的主力军，应积极领悟乡村文化的意义，不断增强我国乡村的文化软实力。县级职教中心应积极培养能够建设乡村文化企业的先进青年代表，并且不断加强乡村文化的职业教育，引领青年学生积极学习乡村文化，成为传播乡村文化的领头羊，为更好地实现美好乡村生活而努力。

乡风习俗是一个特定地域内文化生活的总和，是乡村的精神支柱。政府在推进乡村振兴战略实施的过程中，把根植于农耕文明中的优秀文化的优势毫无保留地挖掘出来，将优秀传统文化与现代文化紧密结合，为乡村提供既包含传统文化又融合现代元素的优秀乡风习俗，不仅有利于促进乡村传统文化的传播，还有利于现代文化融入传统文化，实现文化的创造性转化、创新性发展。县级职教中心被人们视为县域内权威的教育组织，应不断挖掘农耕文明中的优秀传统文化，为县域文化设施提供优秀的文化元素，丰富农村文化内涵。县级职教中心通过兴办乡村文化培训机构，如积极开办书画班、表演班、手工艺班等，为农民群众提供丰富的文化生活和展现自我的舞台。由于乡村经济文化发展状况欠佳，县级职教中心作为县域文化建设的主力军，应积极挖掘优秀乡贤文化，不断为传统乡村文化注入活力，为农村青年在乡创业提供强有力的思想支撑。政府应积极提升乡村文化的传统魅力，增强乡村文化的自信力，从而扩大乡村文化的磁场，吸引更多年轻人积极扎根于乡村建设，为乡村振兴注入新鲜的劳动血液。

（五）产业融合因素

乡村产业是乡村振兴的前提和基础，新型农村的发展与进步需要新兴产业的助推。在农村开展产业振兴背景下，乡村职业教育抓住了大融合的发展机会，在新兴产业发展的过程中，职业教育可运用技术、人才提供、智力扶持等多元化途径，把资源、人才、技术都融入新兴产业的建设中，为农村新兴产业提供源源不断的支持和活力。职业教育还应积极与农副产业、旅游观光业进行校企合作，为在校学生及农村劳动力提供更多就业岗位，积极开展深度产教融合。

1. 产教融合有助于推动农村职业教育精准扶贫最大化发展

县级职教中心与社会企业联合发展，为广大农村青少年劳动力提供了更多的就业岗位，扩大针对农村地区的就业招生数量，订单式培养农村青壮年劳动力，进一步助推精准扶贫，让职业教育普及更多贫困地区，提升贫困人口的职业技能，为其继续参加高级阶段教育或创业提供知识基础，提高就业数量和质量，为农村地区人口真正摆脱贫困提供更多途径。产教融合能够吸引大量高素质职业技能型人才，使在农村职业院校毕业的学生有多种就业抉择，他们可以选择留在本地，为家乡建设贡献自己的力量；学生在校就读期间，可接受来自企业的直接培训，从而更早地适应社会职场工作。此举可为乡村经济、文化更高更快发展提供更多高质量的人才，减少人才流失，最终建设一支高素质的人才队伍。

2. 产教融合发展有利于提高我国农村职业教育的教育教学办法

首先，农村职业教育要设立与对口产业对接的专业课程，优化专业配置，为学校与企业之间的良好沟通与合作搭建桥梁，最终培养大量产业发展所需要的专业对口人才。其次，农村职业院校的职教知识内容与方式应与产业发展标准相吻合，应按照产业发展标准设立课程进度与模式，选择合理的职业教学内容，扩大课程体系中所包含的专业知识，如相关职业规范标准、职业资格衡量等，使毕业生在获取毕业证书的同时也能获得职业资格证书。此外，农村职业院校在教育教学进程中应直接与产业生产相通，根据产品生产方式进行教育教学设计，真正达到“知行合一”的效果，丰富实践能力。

3. 乡村在产业融合创新过程需要实现产品创新、流程变革、技术变革、管理变革等

农业产业融合的产业结构效应表现在三个方面。一是横向拓宽了现代农业产业体系。产业融合促进各产业间技术渗透，并且进行产品创新和产业创新，开发农业的多种功能，增加农产品品种，生产高质量农产品，加快新兴产业生产，扩大乡村的产业幅度，逐步形成包含生态农业、特色农业、休闲农业、旅游农业、智慧农业等的多元化产业体系。二是纵向深化了现代农业产业体系。产业融合中各产业突破边界实现产业链前后的延伸，

强化了农产品价值链的作用，深度拓展了现代农业发展的体制机制。三是提高产业协调发展经济效益。促进不同产业之间的技术渗透和交叉融合，导致各产业之间的增长速度和生产速度差距减小，实现产业更高效率和更先进技能的优质资源分配模式、生产方式和管理方法，让乡村产业结构朝着大规模化、高技术含量、高经济效益、高效能和高加工度演进，实现农业产业结构的优化升级。

第二章　乡村振兴战略概述

第一节　乡村振兴战略的背景及重要意义

乡村振兴战略是我国推进农村税费改革、新农村建设、城乡一体化改革后的又一重大战略决策，具有重大历史性、理论性和实践性意义。

一、乡村振兴战略的背景

（一）新动能与高质量发展

在国际竞争形势日趋复杂、国内经济下行压力不断加大的背景下，我国经济发展亟须培育新产业，寻找新动能，从高速发展转向高质量发展。我国作为一个不断崛起的新兴经济体，国际地位明显提高。此外，随着经济水平的逐步提高，人们的消费需求也不断升级，对个性化、定制化的产品和休闲性、体验性的服务提出了更高要求，加快供给侧结构性改革、推动经济高质量发展成为促进我国经济持续健康发展的重要举措。

在我国经济发展新旧动能转换和高速发展向高质量发展迈进的过程中，乡村潜力较大，是经济发展新动能的聚集地，其功能有待释放，但受其发展内生力不足的限制，也成为我国经济高质量发展的攻坚地。一方面，乡村不仅是粮食及经济作物的主要产地，而且幅员辽阔、分布广泛，具有得天独厚的资源条件，能够为培育新型产业提供发展空间和资料来源。同时，乡村成本低廉的庞大劳动力市场、优质健康的生态环境等将为休闲服务产业、新型生态产业等提供持续动能。从长远发展来看，随着农村收入水平、生活质量的不断提高，乡村将成为我国巨大的国内生产市场和消费市场，有助于提高内需，降低对外部市场的依赖。另一方面，在工业化、城镇化过程中，长期城乡发展不均衡致使城乡收入差距拉大，引发乡村劳动力外流，积累产生“空心化”“老龄化”“非农化”等一系列社会问题，使乡村发展面临衰败之势，致使农村发展内生动力不足。此外，由于乡村远离市场经济核心圈，以传统农业为主的低端农产品在市场经济竞争中表现乏力，受农产品产业链短、产业业态单一、附加值低等客观因素的制约，乡村经济失去了发展活力，成为推动我国经济高质量发展的攻坚点。因此，为发挥乡村经济推动国民经济发展的潜在动能，首要任务是激发其发展活力，提高其内生动力。

（二）文化复兴与生态文明

传统文化是一个民族的灵魂，但随着市场发展加快和国际交流增强，人们的价值观发生了改变，多元文化对中国传统文化形成冲击，为保持中华民族之精神，我国必须加强文化建设，提高文化自信，而乡村是中华传统文化的“基因库”，拥有丰富的文化资源，是文化传承、文化保护的“主阵地”。文化自信是一个国家文化软实力的体现，乡村作为中华民族的精神家园，其尊重自然、善待自然的生态文化，亲仁善邻、相扶相助的人情文化，以及民俗技艺、建筑遗迹等各类物质与非物质文化是中华传统文化的重要组成部分，也是中华文化的核心与精髓。这些传统文化不仅在传统中国能够规范和约束人们的行为，在社会主义新时代仍然有着特殊的教育意义、引领意义，是中华民族的文化珍宝，值得代代传承。因此，加强乡村文化的挖掘和保护工作，对乡村文化加以合理利用，充分发挥文化的教育价值和市场价值，既是对中华优秀传统文化的传承和弘扬，也是促进物质文明和精神文明协同共建，实现文化复兴，加强文化自信的时代所需。

人们的需求具有多样性，人们对天蓝地绿的优美宜居生活环境的需求更为迫切，绿色环保、尊重自然、享受自然的生态文明愿景更能体现当代人更高形式的生活追求。乡村既是生态文明的最佳承载空间，也是践行生态文明、治理生态问题的主体。青山、绿水、田园、植被是大自然对乡村最好的馈赠，对人们修身养性、康体疗养、休闲度假等具有较大吸引力，是城市人对美好生态空间的向往。因此，在绿色保护的前提下，对乡村生态资源予以合理利用，使"绿水青山"成为"金山银山"，将生态价值转化为经济价值，从而进一步提高乡村人口的经济水平。乡村作为精神文化、生态宜居的直接载体，通过环境保护、生态改善、合理利用等手段，实现"保护—开发—保护"的良性循环，是践行生态文明的最佳方式。

二、实施乡村振兴战略的重要意义

实施乡村振兴战略具有重大的历史性、理论性和实践性意义。从历史角度看，它是在新的起点上总结过去，谋划未来，深入推进城乡发展一体化，提出的乡村发展的新要求和新蓝图。从理论角度看，它是深化改革开放，实施市场经济体制，系统解决市场失灵问题的重要抓手。从实践角度看，它是呼应老百姓新期待，以人民为中心，把农业产业搞好，把农村保护建设好，为农民发展进步服务好，提高人的社会流动性，扎实解决农业现代化发展、社会主义新农村建设和农民发展进步遇到的现实问题的重要内容。

（一）实施乡村振兴战略是解决发展不平衡、不充分矛盾的迫切要求

随着工业化的快速发展和城市化的深入推进，我国城乡出现分化，农村发展也出现分化，目前最大的不平衡是城乡之间发展的不平衡和农村内部发展的不平衡，最大的不充分是"三农"发展的不充分，包括农业现代化发展的不充分、社会主义新农村建设的不充分、农民群体提高教科文卫发展水平和共享现代社会发展成果的不充分等。

（二）实施乡村振兴战略是解决市场经济体系运行矛盾的重要抓手

改革开放以来，我国始终坚持市场经济改革方向，市场在资源配置中

发挥着越来越重要的作用，提高了社会资源配置效率，促进了生产力发展水平大幅提高，社会劳动分工越来越深、越来越细。随着市场经济的深入发展，需要考虑市场体制运行所内含的生产过剩矛盾、经济危机等问题，需要不断扩大稀缺资源配置的空间和范围。解决问题的途径是实行国际、国内两手抓，除了把对外实行开放经济战略、推动形成对外开放新格局，加强创新能力开放合作，拓展对外贸易、培育贸易新业态新模式、推进贸易强国建设，实行高水平的贸易和投资自由化、便利化政策，创新对外投资方式、促进国际产能合作，加快培育国际经济合作和竞争新优势等作为重要抓手外，还需要把对内实施乡村振兴战略作为重要抓手，形成各有侧重和相互补充的长期经济稳定发展战略格局。由于国际形势复杂多变，相比之下，实施乡村振兴战略更加安全可控、更有可能做好和更有福利效果。

（三）实施乡村振兴战略是实现农业现代化的重要内容

经过多年持续不断的努力，我国农业农村发展取得重大成就，现代农业建设取得重大进展，粮食和主要农产品供求关系发生重大变化，大规模的农村剩余劳动力转移进城，农民收入持续增加，脱贫攻坚取得决定性进展，农村改革实现重大突破，农村各项建设全面推进，为实施乡村振兴战略提供了有利条件。与此同时，在实践中，目前农业现代化发展、社会主义新农村建设和农民的教育科技文化发展存在很多突出问题，迫切需要予以解决。

第二节　乡村振兴战略的科学内涵及战略导向

与新农村建设相比，乡村振兴战略的内容更全面、内涵更丰富、层次更高、目标更大，这是新时代我国农村工作发展方向和理念的一次深刻变革。其战略导向体现在“三个坚持”上，即坚持高质量发展、坚持农业农村优先发展、坚持走城乡融合发展道路。

一、乡村振兴战略的科学内涵

（一）产业兴旺是乡村振兴的核心

新时代推动农业农村发展的核心是实现农村产业发展。农村产业发展是农村实现可持续发展的内在要求。从中国农村产业发展历程来看，过去一段时期内主要强调生产发展，而且主要是强调农业生产发展，其主要目标是解决农民的温饱问题，进而推动农民生活质量的提高。从生产发展到产业兴旺，这一提法的转变意味着农业农村政策体系更加聚焦和务实，主要目标是实现农业农村现代化。产业兴旺要求从过去单纯追求产量向追求质量转变，从粗放型经营向精细型经营转变，从不可持续发展向可持续发展转变，从低端供给向高端供给转变。城乡融合发展的关键步骤是农村产业融合发展。产业兴旺不仅要实现农业发展，还要丰富农村发展业态，促进农村一、二、三产业融合发展，更加突出以推进供给侧结构性改革为主线，提升供给质量和效益，推动农业农村发展提质增效，更好地实现农业增产、农村增值、农民增收，打破农村与城市之间的壁垒。农民生活富裕的前提是产业兴旺，而农民富裕、产业兴旺又是乡风文明和有效治理的基础，只有将产业兴旺、农民富裕、乡风文明、治理有效有机统一起来，才能真正提高农村的生态宜居水平。产业兴旺作为实施乡村振兴战略的第一要求，充分说明了农村产业发展的重要性。实施乡村振兴战略必须紧紧抓住产业兴旺这个核心，作为优先方向和实践突破点，真正打通农村产业发展的“最后一公里”，为农业农村实现现代化奠定坚实的物质基础。

（二）生态宜居是乡村振兴的基础

乡村振兴战略提出要建设生态宜居的美丽乡村，更加突出了新时代重视生态文明建设与人民日益增长的美好生活需要的内在联系。乡村生态宜居是对以“生产、生活、生态”为一体的内生性低碳经济发展方式的乡村探索。生态宜居的内核是倡导绿色发展，是以低碳、可持续为核心，是对以“生产场域、生活家园、生态环境”为一体的复合型“村镇化”道路的实践打造和路径示范。绿水青山就是金山银山，乡村产业兴旺本身就蕴含着生态底色，通过建设生态宜居家园实现物质财富创造与生态文明建设互融互通，走出一条乡村绿色可持续发展道路，在此基础上真正实现更高品质的生活富裕。同时，生态文明也是乡风文明的重要组成部分，乡风文明的内涵是对生态文明建设的基本要求。此外，实现乡村生态的更好治理是实现乡村有效治理的重要内容，治理有效必然包含着有效的乡村生态治理体制机制。从这个意义上讲，打造生态宜居的美丽乡村必须把乡村生态文明建设作为基础性工程扎实推进，让美丽乡村看得见未来、留得住乡愁。

（三）乡风文明是乡村振兴的关键

文明中国根在文明乡风，文明中国要靠乡风文明。乡村振兴想要实现新发展，彰显新气象，传承和培育文明乡风是关键。乡土社会是中华优秀传统文化的主要阵地，传承和弘扬中华优秀传统文化必须注重培育和传承文明乡风。乡风文明是乡村文化建设和乡村精神文明建设的基本目标，培育文明乡风是乡村文化建设和乡村精神文明建设的主要内容。乡风文明的基础是重视家庭建设、家庭教育和家风家训培育。家庭和睦则社会安定，家庭幸福则社会祥和，家庭文明则社会文明；良好的家庭教育能够授知识、育品德，提高精神境界、培育文明风尚；优良的家风家训能够弘扬真善美，营造崇德向善、见贤思齐的社会氛围。积极倡导和践行文明乡风能够有效净化和涵养社会风气，培育乡村德治土壤，推动乡村有效治理；能够推动乡村生态文明建设，建设生态宜居家园；能够凝人心、聚人气，营造干事创业的社会氛围，助力乡村产业发展；能够丰富农民群众文化生活，汇聚精神财富，实现精神生活上的富裕。实现乡风文明要大力实施农村优秀传统文化保护工程，深入研究和阐释农村优秀传统文化的历史渊源、发展脉络、基本走向；要健全和完善家教家风家训建设工作机制，挖掘民间蕴藏的丰富家风家训资源，让好家风、好家训内化为农民群众的行动遵循；要建立传承弘扬优良家风家训的长效机制，积极推动家风家训进校园、进课堂活动，编写优良家风家训通识读本，积极创作反映优良家风家训的优秀文艺作品，真正把文明乡风建设落到实处，落到细处。

（四）治理有效是乡村振兴的保障

实现乡村有效治理是推动农村稳定发展的基本保障。乡村治理有效才能真正为产业兴旺、生态宜居、乡风文明和生活富裕提供秩序支持，乡村振兴才能有序推进。新时代乡村治理的明显特征是强调国家与社会之间的有效整合，盘活乡村治理的存量资源，用好乡村治理的增量资源，以有效性作为乡村治理的基本价值导向，平衡村民自治实施以来乡村社会面临的冲突和分化。也就是说，围绕实现有效治理这个最大目标，乡村治理技术手段可以更加多元、开放和包容。只要有益于推动实现乡村有效治理的资源，都可以充分地整合利用。要健全自治、法治、德治相结合的乡村治理体系，这不仅是实现乡村治理有效的内在要求，也是实施乡村振兴战略的重要组成部分。这充分体现了乡村治理过程中国家与社会之间的有效整合，既要盘活村民自治实施以来乡村积淀的现代治理资源，又毫不动摇地坚持依法治村的底线思维，还要用好乡村社会历久不衰、传承至今的治理密钥，推动形成相辅相成、互为补充、多元并蓄的乡村治理格局。从民主管理到治理有效，这一定位的转变，既是国家治理体系和治理能力现代化的客观要求，也是实施乡村振兴战略、推动农业农村现代化进程的内在要求。而乡村治理有效的关键是健全和完善自治、法治、德治的耦合机制，让乡村自治、法治与德治深度融合、高效契合。例如，积极探索和创新乡村社会制度内嵌机制，将村民自治制度、国家法律法规内嵌入村规民约、乡风民俗中，通过乡村自治、法治和德治的有效耦合，推动乡村社会实现有效治理。

（五）生活富裕是乡村振兴的根本

生活富裕的本质要求是共同富裕。广大农村地区发展不平衡、不充分的问题日益凸显，积极回应农民对美好生活的诉求必须直面和解决这一问题。有效激活农村增量发展空间是解决农民生活富裕的关键。而乡村振兴战略提出的产业兴旺则为农村增量发展指明了方向。

二、推进乡村振兴的战略导向

（一）坚持高质量发展

推动高质量发展是当前和今后一个时期确定发展思路、制定经济政策、实施宏观调控的根本要求。实施乡村振兴战略是建设现代化经济体系的主要任务之一，尽管实施乡村振兴战略涉及的范围实际上超出经济工作的范畴，但推动乡村振兴高质量发展应该是实施乡村振兴战略的基本要求和重大导向之一。在实施乡村振兴战略的过程中，坚持高质量发展的战略导向，需要弄清楚什么是乡村振兴的高质量发展、怎样实现乡村振兴的高质量发展。

1. 突出抓重点、补短板、强弱项的要求

随着城乡居民收入和消费水平的提高，社会需求结构加快升级，呈现个性化、多样化、优质化、绿色化迅速推进的趋势。这要求农业和农村产业发展顺应需求结构升级的趋势，增强供给适应需求甚至创造需求、引导需求的能力。与此同时，对农村产业发展在继续重视“生产功能”的同时，要求更加重视其生活功能和生态功能，将重视产业发展的资源环境和社会影响同激发其科教、文化、休闲娱乐、环境景观甚至体验功能结合起来。近年来，电子商务的发展日益引起人们的重视，一个重要的原因是其具有很好的链接和匹配功能，能够改善居民的消费体验、增进消费的便捷性和供求之间的互联性，而体验、便利、互联正在成为实现社会消费需求结构升级和消费扩张的重要动力，尤其为边角化、长尾性、小众化市场增进供求衔接和实现规模经济提供了新的路径。

2. 突出推进供给侧结构性改革

推进供给侧结构性改革的核心要义是按照创新、协调、绿色、开放、共享的新发展理念，提高供给体系的质量、效率和竞争力，即增加有效供给，减少无效供给，增强供给体系对需求体系和需求结构变化的动态适应和反应能力。当然，这里的有效供给包括公共产品和公共服务的有效供给。

这里的提高供给体系质量、效率和竞争力，首先表现为提升农业和农村产业发展的质量、效率和竞争力；除此之外，还表现在政治建设、文化建设、社会建设和生态文明建设等方方面面，体现这些方面的协同性、关联性和整体性。借此，将支持农民发挥主体作用、提升农村人力资本质量与调动一切积极因素并有效激发工商资本、科技人才、社会力量参与乡村振兴的积极性结合起来，通过完善农村发展要素结构、组织结构、布局结构的升级机制，更好地提升乡村振兴的质量、效率和竞争力。

3. 协调处理实施乡村振兴战略与推进新型城镇化的关系

“乡村振兴战略”与“科教兴国战略”“可持续发展战略”等被列入全面建成小康社会决胜期的七大战略中，但“新型城镇化战略”未被列入其中，这并不是说推进新型城镇化不是一个重要的战略问题。之所以未被列入，主要有两方面的原因：一是城镇化是一个自然历史过程。虽然推进新型城镇化也需要“紧紧围绕提高城镇化发展质量”，也需要“因势利导、趋利避害”，但城镇化更是“我国发展必然要遇到的经济社会发展过程”，“是现代化的必由之路”，必须“使城镇化成为一个顺势而为、水到渠成的发展过程”，而实施七大战略则与此有明显不同，更需要摆在经济社会发展的突出甚至优先位置，更需要大力支持。二是实施乡村振兴战略是贯穿 21 世纪中叶全面建设社会主义现代化国家过程中的重大历史任务，城镇化的战略和政策将会面临重大阶段性转型，甚至逆城镇化趋势也将会明显增强。至于怎样科学处理实施乡村振兴战略与推进新型城镇化的关系，关键是建立健全城乡融合发展的体制机制和政策体系。

4. 科学处理实施乡村振兴战略与推进农业农村政策转型的关系

乡村振兴的高质量发展最终体现为统筹推进与增进广大农民的获得感、幸福感、安全感和增强农民参与乡村振兴的能力，而增进广大农民的获得感、幸福感、安全感，正是实施乡村振兴战略的重要价值所在。因此，调动一切积极因素，鼓励社会力量和工商资本带动农民在参与乡村振兴的过程中增强参与乡村振兴的能力，对于提升乡村振兴质量至关重要。

（二）坚持农业农村优先发展

坚持农业农村优先发展，需要在发挥市场对资源配置起决定性作用的同时，通过更好地发挥政府作用，优先支持农业农村发展，解决好市场失灵问题。按照增强系统性、整体性、协同性的要求和突出抓重点、补短板、强弱项的方向，坚持农业农村优先发展应该是实施乡村振兴战略的必然要求。

在实践中如何坚持农业农村优先发展？具体地说，要注意以下几点：

1. 以完善产权制度和要素市场化配置为重点，优先加快推进农业农村市场化改革

公平竞争是市场经济的基本原则，是市场机制高效运行的重要基础，统一开放、竞争有序的市场体系是市场在资源配置中起决定性作用的基础，要确立竞争政策基础性地位。为此，通过强化公平竞争的理念和社会氛围，以及切实有效的反垄断措施，完善维护公平竞争的市场秩序，促进市场机制有效运转；注意科学处理竞争政策和产业政策的关系，积极促进产业政策由选择性向功能性转型，并且将产业政策的主要作用框定在市场失灵领域。通过强化竞争政策的基础地位，积极营造有利于发展的条件，营造提升其活力和竞争力的市场环境，引导各类经营主体和服务主体在参与乡村振兴的过程中公平竞争，成为富有活力和竞争力的乡村振兴参与者，甚至成为乡村振兴的“领头雁”。要以完善产权制度和要素市场化配置为重点，加快推进农业农村领域的市场化改革，结合发挥典型示范作用，改革自身亟待转型升级的问题。例如，近年来，部分地区推行了“资源变资产、资金变股金、农民变股东”的改革创新。

2. 加快创新相关法律法规和监管规则，优先支持优化农业农村发展环境

通过完善法律法规和监管规则，清除不适应形势变化、影响乡村振兴的制度和环境障碍，有利于促进农业强、农民富、农村美。现行农村宅基地制度和农房产权制度改革滞后，不仅仅是给盘活闲置宅基地和农房增加

了困难，影响农民财产性收入的增加，更重要的是加大了城市人口、人才“下乡”甚至农村人才“跨社区”居住特别是定居的困难，不利于缓解乡村振兴的“人才缺口”，也不利于农业农村产业更好地对接城乡消费结构升级带来的需求扩张。在部分城郊地区或发达的农村地区，甚至山清水秀、交通便捷、文化旅游资源丰厚的普通乡村地区，适度扩大农村宅基地制度改革试点范围，鼓励试点地区加快探索和创新宅基地“三权”分置办法，尤其是适度扩大农村宅基地、农房使用权流转范围，有条件地进一步向热心参与乡村振兴的非本农村集体经济组织成员开放农村宅基地或农房流转、租赁市场，对于吸引城市或异地人才、带动城市或异地资源（要素）参与乡村振兴，日益具有重要性和紧迫性。其意义远远超过增加农民财产性收入的问题，并且已经不是“看清看不清”或“尚待深入研究”的问题，而是应该积极稳健地“鼓励大胆探索”的事情。

近年来，许多新产业、新业态、新模式迅速发展，对于加快农村生产方式、生活方式转变的积极作用迅速凸显。要注意引导完善这些新兴产业的监管规则，创新和优化对新经济垄断现象的治理方式。

此外，坚持农业农村优先发展，要以支持融资、培训、营销平台和技术、信息服务等环境建设，鼓励包容发展、创新能力成长和组织结构优化等为重点，将优化公共服务和政策环境放在突出地位。因此，坚持农业农村优先发展应把加强和优化服务体系建设放在突出地位，包括优化提升政府主导的公共服务体系、加强对市场化或非营利性服务组织的支持，完善相关体制机制。

坚持农业农村优先发展，还应注意两点：一是近年来国家推动农业农村基础设施建设、持续改善农村人居环境、加强农村社会保障体系建设、加快建立多层次农业保险体系等都有这方面的作用。二是瞄准推进农业农村产业供给侧结构性改革的重点领域和关键环节，加大引导支持力度。例如，积极推进质量兴农、绿色兴农，加强粮食生产功能区、重要农产品生产保护区、特色农产品优势区、现代农业产业园、农村产业融合发展示范园、农业科技园区、电商产业园、返乡创业园、特色小镇或田园综合体等农业农村发展的载体建设，更好地发挥其对实施乡村振兴战略的辐射带动作用。

（三）坚持走城乡融合的发展道路

近年来，随着工农、城乡之间相互联系、相互影响、相互作用的不断增强，城乡之间的人口、资源和要素流动日趋频繁，产业之间的融合渗透和资源、要素、产权之间的交叉重组关系日益显著，城乡之间日益呈现“你中有我，我中有你”的发展格局。因此，建立健全城乡融合发展的体制机制和政策体系，走城乡融合发展之路，越来越成为实施乡村振兴战略的当务之急和战略需要。借此，按照推进新型工业化、信息化、城镇化、农业现代化同步发展的要求，加快形成以工促农、以城带乡、工农互惠、城乡共荣、分工协作、融合互补的新型工农城乡关系。那么，如何坚持城乡融合发展道路，建立健全城乡融合发展的体制机制和政策体系呢？

1. 注意同以城市群为主体构建大中小城市和小城镇协调发展的城镇格局的衔接

在当前的发展格局下，尽管中国在政策上仍然鼓励“加快培育中小城市和特色小城镇，增强吸纳农业转移人口能力”，但农民工进城仍以流向大中城市和特大城市为主，流向县城和小城镇的极其有限。这说明当前中国大城市、特大城市仍然具有较强的集聚经济、规模经济、范围经济效应，而且其就业、增收和其他发展机会更为密集；至于小城镇，就总体而言，情况正好与之相反。因此，在今后相当长的时期内，顺应市场机制的自发作用，优质资源、优质要素和发展机会向大城市、特大城市集中仍是难以根本扭转的趋势。

上述现象的形成同当前的政府政策导向和资源配置过度向大城市、特大城市倾斜有很大关系，由此带动全国城镇体系结构重心上移，突出地表现在两个方面：一是政府在重大产业项目、信息化和交通路网等重大基础设施、产权和要素交易市场等重大平台的布局，在公共服务体系建设投资分配、获取承办重大会展和体育赛事等机会的分配方面，大城市、特大城市往往具有中小城市无法比拟的优势。二是许多省区强调省会城市经济首位度不够是其发展面临的突出问题，致力于打造省会城市经济圈，努力通过政策和财政金融等资源配置的倾斜，提高省会城市的经济首位度。

随着农村人口转移进城规模的扩大，城乡之间通过劳动力就业流动，带动人口流动和家庭迁移的格局正在加快形成。在此背景下，过度强调以大城市、特大城市为重点吸引农村人口转移，也会因大城市、特大城市高昂的房价和生活成本，加剧进城农民工或农村转移人口融入城市、实现市民化的困难，容易增加进城后尚待市民化人口与原有市民的矛盾，影响城市甚至城乡社会的稳定与和谐。因此，应按照统筹推进乡村振兴和新型城镇化高质量发展的要求，加大国民收入分配格局的调整力度，深化相关改革和制度创新，在引导大城市、特大城市加快集约型、紧凑式发展步伐，提升城市品质和创新能力的同时，引导这些大城市、特大城市更好地发挥区域中心城市对区域发展和乡村振兴的辐射带动作用。要结合引导这些大城市、特大城市疏解部分非核心、非必要功能，引导周边卫星城或其他中小城市、小城镇增强功能特色，形成错位发展、分工协作新格局，借此培育特色鲜明、功能互补、融合协调、共生共荣的城市群。这不仅有利于优化城市群内部不同城市之间的分工协作关系，提升城市群系统功能和网络效应，还有利于推进跨区域性基础设施、公共服务能力建设和生态环境综合整治，为城市人才、资本、组织和资源等要素下乡参与乡村振兴提供便利，有利于更好地促进以工哺农、以城带乡和城乡融合互补，增强城市化、城市群对城乡、区域发展和乡村振兴的辐射带动功能，帮助农民增加共商共建共享发展的机会，提高农村共享发展水平。实际上，随着高铁网、航空网和信息网建设的迅速推进，网络经济的去中心化、去层级化特征也会推动城市空间格局由单极化向多极化和网络化演进，凸显发展城市群、城市圈的重要性和紧迫性。

为了更好地增强区域中心城市特别是城市群对乡村振兴的辐射带动力，

要通过公共资源配置和社会资源分配的倾斜引导，加强链接周边的城际交通、信息等基础设施网络和关键节点、连接线建设，引导城市群内部不同城市之间完善竞争合作和协同发展机制，强化分工协作、增强发展特色、加大生态共治，并且协同提升公共服务水平。要以完善产权制度和要素市场化配置为重点，以激活主体、激活要素、激活市场为目标导向，推进有利于城乡融合发展的体制机制改革和政策体系创新，着力提升城市和城市群开放发展、包容发展水平和辐射带动能力。要加大公共资源分配向农业农村的倾斜力度，加强对农村基础设施建设的支持。与此同时，通过深化制度创新，引导城市基础设施和公共服务能力向农村延伸，加强以中心镇、中心村为结点，城乡衔接的农村基础设施、公共服务网络建设。要通过深化改革和政策创新，鼓励城市企业或涉农龙头企业同农户、农民建立覆盖全程的战略伙伴关系，完善利益联结机制。

2. 积极发挥国家发展规划对乡村振兴的战略导向作用

要结合规划编制和执行，加强对各级各类规划的统筹管理和系统衔接，通过部署重大工程、重大计划、重大行动，加强对农业农村发展的优先支持，鼓励构建城乡融合发展的体制机制和政策体系。在编制和实施乡村振兴规划的过程中，要结合落实主体功能区战略，贯彻中央关于“强化乡村振兴规划引领”的决策部署，促进城乡国土空间开发的统筹，注意发挥规划对统筹城乡生产空间、生活空间、生态空间的引领作用，引导乡村振兴优化空间布局，统筹乡村生产空间、生活空间和生态空间。

要注意突出重点、分类施策，在引导农村人口和产业布局适度集中的同时，将中心村、中心镇、小城镇和粮食生产功能区、重要农产品生产保护区、特色农产品优势区、现代农业产业园、农村产业融合发展示范园、农业科技园区、电商产业园、返乡创业园、特色小镇或田园综合体等，作为推进乡村振兴的战略结点。我国实施乡村振兴战略要坚持乡村全面振兴，在推进乡村振兴的过程中，找准重点、瞄准薄弱环节和鼓励不同利益相关者参与，都是至关重要的。此外，建设城乡统一的产权市场、要素市场和公共服务平台，也应在规则统一、环境公平的前提下，借鉴政府扶持小微企业发展的思路，通过创新“同等优先”机制，加强对人才和优质资源向农村流动的制度化倾斜支持，缓解市场力量对农村人才和优质资源的“虹吸效应”。

3. 完善农民和农业转移人口参与发展、培训提能机制

推进城乡融合发展，关键要通过体制机制创新，一方面，帮助农村转移人口降低市民化的成本和门槛，让农民获得更多且更公平、更稳定、可持续的发展机会和发展权利；另一方面，增强农民新型城镇化和乡村全面振兴的能力，促进农民更好地融入城市或乡村发展。要以增强农民参与发展能力为导向，完善农民和农业转移人口培训提能支撑体系，为乡村振兴提供更多的新型职业农民和高素质人口，为新型城镇化提供更多的新型市民和新型产业工人。要结合完善利益联结机制，注意发挥新型经营主体、新型农业服务主体带头人的示范带动作用，促进新型职业农民成长，带动普通农户更好地参与现代农业发展和乡村振兴。要按照需求导向、产业引领、能力本位、实用为重的方向，加强统筹城乡的职业教育和培训体系建设，通过政府采购公共服务等方式，加强对新型职业农民和新型市民培训能力建设的支持。要创新政府支持方式，支持政府主导的普惠式培训与市场主导的特惠式培训分工协作、优势互补。鼓励平台型企业和市场化培训机构在加强新型职业农民和新型市民培训中发挥中坚作用。要结合支持创新创业，加强人才实训基地建设，健全以城带乡的农村人力资源保障体系。

4. 加强对农村一、二、三产业融合发展的政策支持

推进城乡融合发展，要把培育城乡有机结合、融合互动的产业体系放在突出地位。推进农村一、二、三产业融合发展，有利于发挥城市企业、城市产业对农村企业、农村产业发展的引领带动作用。要结合加强城市群发展规划，创新财税、金融、产业、区域等支持政策，引导农村产业融合优化空间布局，强化区域分工协作，发挥城市群和区域中心城市对农村产业融合的引领带动作用。要创新农村产业融合支持政策，引导农村产业融

合发展统筹处理服务市民与富裕农民、服务城市与繁荣农村、增强农村发展活力与增加农民收入、推进新型城镇化与建设美丽乡村的关系。鼓励科技人员向科技经纪人和富有创新能力的农村产业融合企业家转型。注意培育企业在统筹城乡发展、推进城乡产业融合中的骨干作用，努力营造产业融合发展带动城乡融合发展新格局。鼓励商会、行业协会和产业联盟在推进产业融合发展中增强引领带动能力。

第三节　乡村振兴战略规划

一、乡村振兴战略规划概述

乡村振兴战略规划是基础和关键，其作用是为实施乡村振兴战略提供重要保障。编制乡村振兴战略规划应把握五个方面的重点内容。

（一）乡村振兴战略规划的作用与功能

1. 乡村振兴战略规划的作用

（1）为实施乡村振兴战略提供重要保障。制订乡村振兴战略规划，明确总体思路、发展布局、目标任务、政策措施，有利于发挥集中力量办大事的社会主义制度优势，有利于凝心聚力，统一思想，形成工作合力，有利于合理引导社会共识，广泛调动各方面的积极性和创造性。

（2）是实施乡村振兴战略的基础和关键。编制一个立足全局、切合实际、科学合理的乡村振兴战略规划，有助于充分发挥融合城乡的凝聚功能，统筹合理布局城乡生产、生活、生态空间，切实构筑城乡要素双向流动的体制机制，培育发展动能，实现农业农村高质量发展。制订出台乡村振兴战略规划，既是实施乡村振兴战略的基础和关键，又是有力有效的工作抓手。当前，编制各级乡村振兴规划迫在眉睫。国家乡村振兴战略规划即将出台，省级层面的乡村振兴战略规划正在抓紧制订，有的省份已经出台；

各地围绕乡村振兴战略都在酝酿策划相应的政策和举措，有的甚至启动了一批项目；全国上下、社会各界特别是在农业农村一线工作的广大干部职工和农民朋友都对乡村振兴充满期待。以上这些都迫切要求各地尽快制订乡村振兴规划，一方面与国家和省级乡村振兴战略规划相衔接，另一方面统领本县域乡村振兴各项工作扎实有序开展。

(3) 有助于整合和统领各专项规划。乡村振兴涉及产业发展、生态保护、乡村治理、文化建设、人才培养等诸多方面，相关领域或行业都有相应的发展思路和目标任务，有的已经编制了专项规划，但难免出现内容交叉、不尽协调等问题。通过编制乡村振兴规划，在有效集成各专项和行业规划的基础上，对乡村振兴的目标、任务、措施做出总体安排，有助于统领各专项规划的实施，切实形成城乡融合、区域一体、多规合一的规划体系。

(4) 有助于优化空间布局，促进生产、生活、生态协调发展。长期以来，我国农业综合生产能力不断提升，为保供给、促民生、稳增长做出了重要贡献，但在高速发展的同时，与农业农村生产、生活、生态不相协调的问题日益突出，制约了农业高质量发展。通过编制乡村振兴规划，全面统筹农业农村空间结构，优化农业生产布局，有利于推动形成与资源环境承载力相匹配、与村镇居住相适宜、与生态环境相协调的农业发展格局。

(5) 有助于分类推进村庄建设。随着农业农村经济的不断发展，村庄建设、农民建房持续升温，农民的居住条件明显改善。通过编制乡村振兴规划，科学把握各地的地域特色、民俗风情、文化传承和历史脉络，有利于保护乡村的多样性、差异性，打造各具特色、不同风格的美丽乡村，从整体上提高村庄的建设质量和水平。

(6) 有助于推动资源要素合理流动。长期以来，受城乡二元体制机制约束，劳动力、资金等各种资源要素不断向城市聚集，造成农村严重“失血”和“贫血”。通过编制乡村振兴规划，贯彻城乡融合发展要求，抓住钱、地、人等关键要素，谋划有效举措，打破城乡二元体制壁垒，促进资源要素在城乡间合理流动、平等交换，有利于改善农业农村发展条件，加快补齐发展“短板”。

2. 乡村振兴战略规划的功能

乡村在其成长过程中，始终沿着两个维度发展，一个是适应乡村生产，另一个是方便乡村生活。在此基础上，衍生了乡村的诸如生产价值、生活价值、生态价值、社会价值、文化价值等，维系着乡村的和谐与可持续发展。乡村振兴不是另起炉灶建设一个新村，而是在尊重乡村固有价值基础上使传统的乡村价值得到提升。乡村振兴战略的目标，无论是产业兴旺、生态宜居，还是乡风文明、治理有效、生活富裕，只有在遵循乡村价值的基础上，才能获得事半功倍的效果。因此，发现和科学认识乡村价值是乡村振兴战略规划的前提。

（1）生产与经济价值功能。一方面，乡村为耕地保护及土地综合利用、精耕细作提供了条件；另一方面，乡村通过发展种植业、养殖业，为农民生产与生活能量循环提供了保障。正是有乡村的存在，才有循环农业文化的传承和发展。乡村也为庭院经济、乡村手工业得以存在和发展提供了空间。村落形态与格局、田园景观、乡村文化与村民生活连同乡村环境一起构成重要的乡村产业资源。近些年，乡村旅游、特色农业的发展，既验证了绿水青山就是金山银山的理念，也充分体现了乡村的存在是产业兴旺和农民生活富裕的基础。产业兴旺一定是多业并举，种植业、养殖业、手工业和乡村休闲旅游业等都只有在乡村这个平台上，才能满足人们对美好生活的需求，实现真正的产业融合。

（2）生态与生活价值功能。乡村作为完整的复合生态系统，以村落地域为空间载体，将村落的自然环境、经济环境和社会环境通过物质循环、能量流动和信息传递等机制，综合作用于农民的生产生活。乡村的生态价值不仅在于乡村坐落于青山绿水之间的怡人村落环境，更主要体现在乡村内部所具有的生态文明系统中：天人合一的理念，维系着人与自然的和谐，体现着劳动人民尊重自然、利用自然的智慧；自给性消费方式减少了人们对市场的依赖，因农民需要而维系了生物的多样性；与大自然节拍相吻合的慢生活节奏，被认为是有利于身心健康的生活方式；低碳的生活传统、种养结合、生产与生活循环体系等，构成了乡村独特的生态系统和生态文化，凸显着劳动人民充分利用乡村资源的生存智慧。乡村的宜居环境不仅包括村落环境、完善的基础设施和舒适的民宅建设，还包括了和谐的邻里关系与群体闲暇活动为人们带来的精神上的愉悦。正因如此，乡村被认为是理想的养生、养老、养心社区。

（3）文化与教化价值功能。文化与教化价值是乡村治理和乡风文明的重要载体。中国乡村文化不仅表现在山水风情自成一体，特色院落、村落、田园相得益彰上，更重要地表现在乡村所具有的信仰、道德，所保存的习俗和所形成的品格上。特别是诸如耕作制度、农耕习俗、节日时令、地方知识和生活习惯等活态的农业文化，无不体现着人与自然和谐发展的生存智慧，在食品保障、原料供给、就业增收、生态保护、观光休闲、文化传承、科学研究等方面均具有重要价值。同时，我们必须认识到尊老爱幼、守望相助、诚实守信、邻里和睦等优秀传统，是乡风文明建设和乡村有效治理的重要文化资源。农事活动、熟人交往、节日庆典、民俗习惯、地方经验、民间传统、村落舆论、村规民约、示范与模仿等，都是维系村落价值系统的重要载体，不断强化着人们的行为规范，而且是以润物无声的形式深入人们的内心世界，内化为行为准则。

乡村振兴战略规划若缺乏对乡村特点和价值体系的认识，其结果自然是难以适应农民的生产与生活，更谈不上传承优秀传统文化。因此，乡村振兴规划要以乡村价值系统为基础，善于发现乡村价值，探索提升乡村价值的途径。乡村价值的提升，一方面，通过放大乡村价值来实现，如发展地方特色种植业、养殖业和手工业，这种产业具有鲜明的地域特色，不可复制和替代，凸显其地方特色与品牌价值，也可以通过农业和乡村功能的扩展，实现其经济价值；另一方面，赋予乡村体系新的价值和功能，如发展文旅农融合产业，把乡村生态、生活、教育等价值转变成财富资源，发展乡村休闲、观光、体验等新兴产业。乡村振兴欢迎外来力量的介入，外来人可以帮助乡村发现其特有价值，并且利用乡村价值为乡村造福。外来资金可以帮助乡村完成想要完成而未完成的事情，为乡村注入新的动力。只有在充分尊重农民主体地位和乡村价值体系的基础上，乡村振兴的各项目标才能实现。

（二）编制乡村振兴战略规划应把握的重点

1. 发挥国家规划的战略导向作用

为协调处理发挥国家规划战略导向作用与增强地方规划发挥指导作用及时性的矛盾，建议各地尽早启动乡村振兴规划编制的调研工作，并且在保证质量的前提下，尽早完成规划初稿，待国家规划发布后，再进一步做好地方规划初稿和国家规划的对接工作。县级规划还要待省、地市规划发布后，尽快做好对接协调工作。按照这种方式编制的地方规划，不仅可以保证国家规划能够结合本地实际更好的落地，还可以为因地制宜地推进乡村振兴的地方实践及时发挥具体行动指南的作用。

发挥国家规划的战略导向作用，还要拓宽视野，注意同国家相关重大规划衔接起来，尤其要注意以战略性、基础性、约束性规划为基础依据。在乡村振兴规划的编制和实施过程中，要结合增进同新型城镇化规划的协调性，更好地引领和推进乡村振兴与新型城镇化“双轮驱动”，更好地建设彰显优势、协调联动的城乡区域发展体系，为建设现代化经济体系提供扎实支撑。

2. 提升规划的战略思维

重视战略思维，首先要注意规划的编制和实施过程更多的不是“按既定方针办”，而是要追求创新、突破和超越，要科学把握“面向未来、吸收外来、扬弃以来”的关系，增强规划的前瞻性。战略需要大思维、大格局、大架构，战略制定者需要辩证思维、远景眼光。当然，此处的“大”是看得见、摸得着的，是经过不懈努力最终能够实现的。真正的战略不是从过去看未来，而是逆向思维，从未来的终局看当前的布局，从未来推导现在，根据未来的战略方向决定当前如何行动。好的规划应该富有这种战略思维。因此，好的战略规划应该具备激发实施者、利益相关者信心的能力，能够唤醒其为实现战略或规划目标努力奋斗的“激情”和“热情”。好的战略规划往往基于未来目标和当前、未来资源支撑能力的差距，看挖潜改造的方向，看如何摆脱资源、要素的制约，通过切实有效的战略思路、战略行动和实施步骤，不断弥合当前可能和未来目标的差距，借此拓展思维空间、激活发展动能、挖掘发展潜力。

重视规划的战略思维，要在规划的编制和实施过程中，统筹处理“尽力而为”与“量力而行”、增强信心与保持耐心的关系，协调处理规划制订、实施紧迫性与循序渐进的关系。在编制和实施乡村振兴战略规划的过程中也是如此。重视规划的战略思维，还要注意增强乡村振兴规划的开放性和包容性。增强规划的开放性，要注意提升由外及内的规划视角，综合考虑外部环境变化、区域或城乡之间竞争与合作关系演变、新的科技革命和产业革命，甚至交通路网、信息网发展和转型升级对本地区本部门实施乡村振兴战略的影响，规避因规划的战略定位简单雷同、战略手段模仿复制而导致乡村振兴区域优势和竞争特色的弱化，进而带来乡村振兴的低质量发展。增强规划的包容性，不仅要注意对不同利益相关者的包容，注意调动一切积极因素参与乡村振兴，还要注意区域之间、城乡之间发展的包容，积极引导部门之间、区域之间、城乡之间加强乡村振兴的合作。例如，在推进乡村产业兴旺的过程中，引导区域之间联合打造区域品牌，合作打造公共服务平台、培育产业联盟等。实际上，增强乡村振兴规划的开放性和包容性也有利于推进乡村产业振兴、人才振兴、文化振兴、生态振兴和组织振兴“一起上”，更好地坚持乡村全面振兴，增进乡村振兴的协同性、关联性和整体性，统筹提升乡村的多种功能和价值，并且注意在开放、包容中培育乡村振兴的区域特色和竞争优势。

3. 丰富网络经济视角

当今世界随着全球化、信息化的深入推进，网络经济的影响日益深化和普遍化。根据梅特卡夫法则，网络的价值量与网络节点数的平方成正比。换句话说，如果网络中的节点数以算术级速度增长，网络的价值就会以指数级速度增长。网络会鼓励成功者取得更大的成功，这就是网络经济学中的“回报递增”。如果说传统社会更关注对有形空间的占有和使用效率，那么网络社会更关注价值节点的分布和链接，这里的“关系甚至比技术质量更重要”。按照网络经济思维，要注意把最合适的东西送到最合适的人手中，促进社会资源精准匹配。

随着交通路网特别是高铁网、航空网和信息网络基础设施的发展，在实施乡村振兴战略的过程中，如何利用网络效应、培育网络效应的问题迅速凸显。任何网络都有节点和链接线两类要素，网络功能是二者有机结合、综合作用的结果。在实施乡村振兴战略的过程中，粮食生产功能区、重要农产品生产保护区、特色农产品优势区、农村产业融合示范园、中心村、中心镇等载体和平台都可以被看作推进乡村振兴的网络节点，交通路网基础设施、信息网络基础设施都可以被看作推进乡村振兴的链接线；可以把各类新型经营主体、各类社会组织视作推进乡村振兴的网络节点，把面向新型经营主体或各类社会组织的服务体系看作链接线；把产业兴旺、生态宜居、乡风文明、治理有效、生活富裕等五大维度，或者乡村产业振兴、人才振兴、文化振兴、生态振兴、组织振兴等五大振兴，作为推进乡村振兴的网络节点，把推进乡村振兴的体制机制、政策环境或运行生态建设作为链接线，这也是一种分析视角。在实施乡村振兴战略的过程中，部分关键性节点或链接线建设，对于推进乡村振兴的高质量发展可能具有画龙点睛的作用。在编制乡村振兴战略规划的过程中，需要高度重视这一点。

如果推进乡村振兴的不同节点之间呈现互补关系，那么推进乡村振兴的重大节点项目建设或工程、行动，在未形成网络效应前，部分项目、工程、行动的单项直接效益可能不高。但是，待网络轮廓初显后，就可能在这些项目或工程、行动之间形成日趋紧密、不断增强的资源、要素、市场或环境联系，达到互为生态、相互烘托、互促共升的效果，产生日益重大的经济、社会、生态、文化价值，带动乡村功能价值的迅速提升。甚至在此背景下，对少数关键性节点或链接线建设的投资或支持，其重点也应从追求项目价值最大化转向追求网络价值最大化。当然，如果推进乡村振兴的不同节点或链接线之间呈现互斥关系，则部分关键性节点或链接线建设的影响可能正好相反，要防止其导致乡村价值的迅速贬值。

在乡村振兴规划的编制和实施过程中，培育网络经济视角对于完善乡村振兴的规划布局、更好地发挥新型城镇化或城市群对乡村振兴的引领、辐射、带动作用具有重要意义。要注意通过在城市群内部培育不同类型城市之间错位发展、分工协作、优势互补、网络发展新格局，带动城市群质量的提高，更好地发挥城市群对解决工农城乡发展失衡、“三农”发展不充分问题的辐射带动作用；注意引导县城和小城镇、中心村、中心镇、特色小镇甚至农村居民点、农村产业园或功能区，增进同所在城市群内部区域中心城市（镇）之间的分工协作和有机联系，培育网络发展新格局，为带动提升乡村功能价值创造条件。

要结合培育网络经济视角，在乡村振兴规划的编制和实施过程中，加强对乡村振兴的分类施策。部分乡村能够有效融入所在城市群，或者在相互之间能够形成特色鲜明、分工协作、优势互补、网络发展新关联，应该积极引导其分别走上集聚提升型、城郊融合型、卫星村镇型、特色文化或景观保护型、向城市转型等不同发展道路。部分村庄日益丧失生存发展的条件或孤立于所在城市群或区域性的生产生活网络之外，此类村庄的衰败不仅是难以根本扭转的趋势，还可以为在总体上推进乡村振兴创造更好的条件。如果不顾条件盲目要求此类乡村实现振兴，将会付出巨大的经济社会或生态文化代价，影响乡村振兴的高质量发展和可持续发展。

4. 把编制规划作为撬动体制机制改革深入推进的杠杆

在实施乡村振兴战略的过程中，推进体制机制改革和政策创新具有关键性的作用。在编制乡村振兴战略规划的过程中，提出推进体制机制改革、强化乡村振兴制度性供给的思路或路径固然是重要的，但采取有效措施，围绕深化体制机制改革提出一些切实可行的方向性、目标性要求，把规划的编制和实施转化为撬动体制机制改革深入推进的杠杆，借此唤醒系列、连锁改革的激发机制，对提升规划质量、推进乡村振兴的高质量发展更有重要意义，正如“授人以鱼，不如授人以渔”一样。

在这些地区，不仅产业结构要转型升级，人口、经济甚至民居、产业园的布局方式也亟待转型升级。无论是发展先进制造业，还是发展服务业，都要求在空间布局上更加集中集聚，形成集群集约发展态势。

5. 加强规划精神和典型经验的宣传推广

为强化乡村振兴的规划引领，加强规划编制和实施工作固然是重要的，但加强规划精神、规划思路的宣传推广更加不可或缺。这不仅有利于推进乡村振兴的利益相关者更好地理解乡村振兴规划的战略意图，增强其实施规划的信心和主动性、积极性，还有利于将乡村振兴的规划精神更好地转化为推进乡村振兴的自觉行动，有利于全社会凝精聚力，提升推进乡村振兴的水平和质量。加强对乡村振兴规划精神的宣传推广，还可以将工作适当前移，通过在规划编制过程中促进不同观点的碰撞、交流和讨论，更好地贯彻中央推进乡村振兴的战略意图和政策精神，提升乡村振兴规划的编制质量与水平。要结合规划编制和实施过程中的调研，加强对典型经验、典型模式、典型案例的分析总结，将加强顶层设计与鼓励基层发挥首创精神结合起来，发挥榜样的示范引领作用，带动乡村振兴规划编制和实施水平的提高。近年来，许多地区在推进社会主义新农村或美丽乡村建设方面走在全国前列，探索形成了一系列可供借鉴推广的乡村振兴经验；也有一些欠发达地区结合自身实际，在部分领域发挥了推进乡村振兴探路先锋的作用。

有些地区在推进乡村振兴方面虽然提供了一些经验，但提供的教训可能更加深刻。加强对这些教训的分析研究甚至案例剖析，对于提升乡村振兴规划编制、实施的水平与质量更有重要意义。当然，对待这些“称得上”教训的案例分析也要有历史的耐心，要注意其发展阶段和中长期影响。有些模式在发展初期难免遇到“成长中的烦恼”，但跨越这一阶段后，就可能“柳暗花明”或“前程似锦”；对于其成长中的挫折也要冷静分析，多些从容、宽容和包容。

二、乡村振兴战略规划制定的基础与分类

制订乡村振兴战略规划要以正确处理好五大关系为基础，在此基础上，把握好乡村振兴战略的类型与层级。

（一）乡村振兴战略规划制订的基础

乡村振兴战略规划是一个指导未来乡村发展的战略性规划和软性规划，涵盖范围非常广泛，既需要从产业、人才、生态、文化、组织等方面进行创新，又需要统筹特色小镇、田园综合体、全域旅游、村庄等重大项目的实施。因此，乡村振兴战略规划的制订首先须理清五大关系，即20字方针与5个振兴的关系；5个振兴之间的内在逻辑关系；特色小镇、田园综合体与乡村振兴的关系；全域旅游与乡村振兴的关系；城镇化与乡村振兴的关系。

20字方针与5个振兴的关系：产业兴旺、生态宜居、乡风文明、治理有效、生活富裕的20字方针是乡村振兴的目标，而产业振兴、人才振兴、文化振兴、生态振兴、组织振兴是实现乡村振兴的战略逻辑，亦即20字乡村振兴目标的实现需要5个振兴的稳步推进。

5个振兴之间的内在逻辑关系：产业振兴、人才振兴、文化振兴、组织振兴、生态振兴共同构成乡村振兴不可或缺的重要因素。其中，产业振兴是乡村振兴的核心与关键，而产业振兴的关键在人才，以产业振兴与人才振兴为核心，5个振兴间构成互为依托、相互作用的内在逻辑关系。

特色小镇、田园综合体和乡村振兴的关系：从乡村建设角度而言，特色小镇是点，是解决“三农”问题的一个手段，其主旨在于壮大特色产业，激发乡村发展动能，形成城乡融合发展格局；田园综合体是面，是充分调动乡村合作社与农民力量，对农业产业进行综合开发，构建以农为核心的

乡村发展架构；乡村振兴则是在点、面建设基础上的统筹安排，是农业、农民、农村的全面振兴。

全域旅游与乡村振兴的关系：全域旅游与乡村振兴同时涉及区域的经济、文化、生态、基础设施与公共服务设施等各方面的建设，通过“旅游+”建设模式，全域旅游在解决“三农”问题、拓展农业产业链、助力脱贫攻坚等方面发挥重要作用。

城镇化与乡村振兴的关系：乡村振兴战略的提出并不是要否定城镇化战略；相反，两者是在共生发展前提下的一种相互促进关系。首先，在城乡生产要素的双向流动下，城镇化的快速推进将对乡村振兴发挥辐射带动作用。其次，乡村振兴成为解决城镇化发展问题的重要途径。

（二）乡村振兴战略规划的类型与层级

1. 乡村振兴战略规划的类型

（1）综合性规划。乡村规划是特殊类型的规划，需要生产与生活相结合。乡村现有规划为多部门项目规划、少地区全域综合规划，运行规则差异较大，如财政部门管一事一议、环保部门管环境集中整治、农业部门管农田水利、交通部门管公路建设、建设部门管居民点撤并等。因此，乡村规划应强调多学科协调、交叉，需要规划、建筑、景观、生态、产业、社会等各个相关学科的综合引入，实现多规合一。

（2）制度性规划。在非完全城镇化背景下，乡村规划与实施管理的复杂性凸显：一是产业收益的不确定性导致的村民收入的不稳定性；二是乡村建设资金来源的多元性；三是部门建设资金的项目管理转向综合管理。乡村规划与实施管理的表征是对农村地区土地开发和房屋建设的管制，实际是对土地开发权及其收益在政府、市场主体、村集体和村民之间的制度化分配与管理。因此，乡村规划与实施管理重心、管理方法和管理工具需要不断调整，使乡村规划制度的重要性凸显。

（3）服务型规划。乡村规划是对乡村空间格局和景观环境方面的整体构思和安排，既包括乡村居民生活的整体设计，体现乡土化特征，也涵盖乡村农牧业生产性基础设施和公共服务设施的有效配置。同时，乡村规划不是一般的商品和产品，实施的主体是广大的村民、村集体乃至政府、企业等多方利益群体，在现阶段基层技术管理人才不足的状况下，需要规划编制单位在较长时间内提供技术型咨询服务。

（4）契约式规划。乡村规划的制订是政府、企业、村民和村集体对乡村未来发展和建设达成的共识，形成有关资源配置和利益分配的方案，缔结政府、市场和社会共同遵守和执行的“公共契约”。乡村规划需履行经村民会议讨论同意、由县级人民政府批准和不得随意修改等原则要求，显示乡村规划具有私权民间属性，属于没有立法权的行政机关制定的行政规范性文件，具有不同于纯粹的抽象行政行为的公权行政属性和“公共契约”的本质特征。

2. 乡村振兴战略规划的层级

（1）国家级乡村振兴战略规划。实施乡村振兴战略是党和国家的大战略，必须规划先行，强化乡村振兴战略的规划引领；具体部署国家重大工程、重大计划、重大行动，确保中央一号文件得到贯彻落实，政策得以执行落地。

（2）省级乡村振兴战略规划。各省乡村振兴战略规划也要按照产业兴旺、生态宜居、乡风文明、治理有效、生活富裕的总要求，对各省实施乡村振兴战略做出总体设计和阶段谋划，明确目标任务，细化实化工作重点、政策措施、推进机制，部署重大工程、重大计划、重大行动，确保全省乡村振兴战略扎实推进。省级乡村振兴战略规划是全省各地各部门编制地方规划和专项规划的重要依据，是有序推进乡村振兴的指导性文件。

（3）县域乡村振兴战略规划。乡村振兴，关键在县。县委书记是乡村振兴的前线总指挥，是落地实施的第一责任人。乡村振兴需要在顶层设计引领下，在县域层面分步踏实地推进。县域乡村振兴是国家乡村振兴战略推进与实施的核心与关键，应该以国家和省级战略为引导，以市场需求为依托，突破传统村镇结构，在城镇规划体系基础上，构建既区别于城市又与城市相互衔接、相互融合的“乡村规划新体系”，进行科学系统的规划编制，保证乡村振兴战略的有效实施。①县域乡村振兴规划体系。县域乡村振兴规划是涉及5个层次的一体化规划，即《县域乡村振兴战略规划》《县域乡村振兴总体规划》《乡/镇/聚集区（综合体）规划》《村庄规划》《乡村振兴重点项目规划》。首先，县域乡村振兴战略规划是发展规划，需要在进行现状调研与综合分析的基础上，就乡村振兴总体定位、生态保护与建设、产业发展、空间布局、居住社区布局、基础设施建设、公共服务设施建设、体制改革与治理、文化保护与传承、人才培训与创业孵化十大内容，从方向与目标上进行总体决策，不涉及细节指标；应在新的城乡关系下，在把握国家城乡发展大势的基础上，从人口、产业的辩证关系着手，甄别乡村发展的关键问题，分析乡村发展的动力机制，构建乡村的产业体系，引导村庄合理进行空间布局，重构乡村发展体系，构筑城乡融合的战略布局。其次，县域乡村振兴总体规划是与城镇体系规划衔接的在战略规划指导下落地到土地利用、基础设施、公共服务设施、空间布局与重大项目而进行的一定期限的综合部署和具体安排；在总体规划的分项规划之外，可以根据需要编制覆盖全区域的农业产业规划、旅游产业规划、生态宜居规划等专项规划；此外，还应结合实际，选择具有综合带动作用的重大项目，从点到面布局乡村振兴。再次，乡/镇/聚集区（综合体）规划中的聚集区（综合体）为跨村庄的区域发展结构，包括田园综合体、现代农业产业园区及一、二、三产业融合先导区、产居融合发展区等，其规划体例与乡镇规划一致。然后，村庄规划是以上层次规划为指导，对村庄发展提出总体思路，并且具体到建设项目，是一种建设性规划。最后，乡村振兴重点项目规划中的重点项目是对乡村振兴中具有引导与带动作用的产业项目、产业融合项目、产居融合项目、现代居住项目的统一称呼，包括现代农业园、现代农业庄园、农业科技园、休闲农场、乡村旅游景区等；其规划类型包括总体规划与详细规划。②县域乡村振兴的规划内容。首先，综合分析。乡村振兴规划应针对“城乡发展关系”“乡村发展现状”进行全面、细致、翔实的现场调研、访谈、资料搜集和整理、分析、总结，这是规划落地的基础。其次，战略定位及发展目标。乡村振兴战略定位应在国家乡村振兴战略与区域城乡融合发展的大格局下，运用系统性思维与顶层设计理念，通过乡村可适性原则，确定具体的主导战略、发展路径、发展模式、发展愿景等。而乡村振兴发展目标的制定应在相关文件明确的乡村三阶段目标任务与时间节点基础上，依托现状条件，提出适于本地区发展的可行性目标。再次，九大专项规划。一是产业规划。立足产业发展现状，充分考虑国际国内及区域经济发展态势，以现代农业三大体系构建为基础，以一、二、三产融合为目标，对当地三大产业的发展定位及发展战略、产业体系、空间布局、产业服务设施、实施方案等进行战略部署。二是生态保护建设规划。统筹山、水、林、田、湖、草生态系统，加强环境污染防治、资源有效利用、乡村人居环境综合整治、农业生态产品和服务供给，创新市场化多元化生态补偿机制，推进生态文明建设，提升生态环境保护能力。三是空间布局及重点项目规划。以城乡融合、三生融合为原则，在县域范围内构建新型“城—镇—乡—聚集区—村”发展及聚集结构，同时形成一批重点项目，形成空间上的落点布局。四是居住社区规划。以生态宜居为目标，结合产居融合发展路径，对乡镇、聚集区、村庄等居住结构进行整治与规划。五是基础设施规划。以提升生产效率、方便人们生活为目标，对生产基础设施及生活基础设施的建设标准、配置方式、未来发展做出规划。六是公共服务设施规划。以宜居生活为目标，积极推进城乡基本公共服务均等化，统筹安排行政管理、教育机构、文体科技、医疗保健、商业金融、社会福利、集贸市场等公共服务设施的布局和用地。七是体制改革与乡村治理规划。以乡村新的人口结构为基础，遵循“市场化”与“人性化”原则，综合运用自治、德治、法治等治理方式，建立乡村社会保障体系、社区化服务结构等新型治理体制，满足不同乡村人口的需求。八是人才培训与孵化规划。统筹乡村人才的供需结构，借助政策、资金、资源等的有效配置，引入外来人才、提升本地人才技能水平、培养职业农民、进行创业创新孵化，形成支撑乡村发展的良性人才结构。九是文化传承与创新规划。遵循“保护中开发，在开发中保护”的原则，对乡村历史文化、传统文化、原生文化等进行以传承为目的的开发，在与文化创意、科技、新兴文化融合的基础上，实现对区域竞争力及经济发展的促进作用。最后，三年行动计划。一是制度框架和政策体系基本形成，确定行动目标。二是分解行动任务，包括深入推进农村土地综合整治，加快推进农业经营和产业体系建设，农村一、二、三产业融合提升，产业融合项目落地计划，农村人居环境整治等；同时，制定政策支持、金融支持、土地支持等保障措施，然后安排近期工作。

第三章　新时代职业教育服务乡村振兴的现实基础和提升路径

第一节　新时代职业教育服务乡村振兴的现实基础

职业教育服务乡村振兴是一种由多元行动主体在各自组织场域中围绕共同目标协同互动的集体行动实践。在“农村职业教育振兴”视角下，研究者普遍认为，改革发展农村职业教育是实施乡村振兴战略的重要抓手，并且从功能定向、培养目标、供需适配及管理体制、办学机制、政策体系等方面提出了农村职业教育的改革策略。在“职业教育服务乡村振兴”视角下，研究者主要揭示了职业教育服务乡村振兴的内在机理，如对职业教育服务乡村振兴耦合机制的探讨、逻辑框架的构建，以及从教育学、文化哲学、技术哲学等理论视角予以的审视。新制度主义认为，行为是被镶嵌在制度环境内的，不管是个人行为还是组织行为，都深受其所处场域制度逻辑的制约。基于此，从制度视角切入，旨在分析职业教育服务乡村振兴中多元主体在各自现有的制度框架内是依循何种逻辑参与其中，各自在制度化参与中衍生哪些实践冲突，以及这些实践冲突应该如何予以调节，从而为多元主体能够更加有效地参与职业教育服务乡村振兴提供理论支撑。

一、职业教育服务乡村振兴多重制度逻辑的分析框架

制度逻辑是指某一场域中稳定存在的制度安排和相应的行动机制，是塑造并制约场域内个体和组织行为的结构性力量，具有稳定性、结构性和制约性等特征。制度逻辑一般诠释的是某一单独场域内的制度安排和主体相应的行动机制，无法细致地分析社会宏观环境下多元场域不同主体在参与实践活动过程中所采取的多样行为方式，因而在揭示宏观制度安排与微观行动方式之间的联系上具有局限性。多重制度逻辑的提出旨在从微观层面上分析不同主体之间行动机制的差异性及与整体制度安排之间的紧密联系，可以有效弥补单一制度逻辑在解释复杂实践问题时的理论缺陷。多重制度逻辑以实践活动中所涉及的多重过程和机制及其相互作用作为分析着眼点，通过对某一场域内相应主体在参与实践活动中所表现的行为方式进行细致描述，进而揭示微观行动方式与宏观制度安排之间的联系。将多重制度逻辑的分析理论引入职业教育服务乡村振兴中，旨在揭示多元行动主体在职业教育服务乡村振兴实践中的利益交织与行为选择，正是这种利益与关系的相互交织和彼此作用共同决定着职业教育服务乡村振兴的发展轨迹乃至成效，而不同主体在执行这项新的制度安排时所表现的行为方式的背后更多是受其所处场域的制度逻辑制约。

从理想层面来看，职业教育服务乡村振兴的多重制度逻辑会依据各自场域内的逻辑起点正常运作，不同制度逻辑之间和谐共生，共同促进职业教育服务乡村振兴的有效实施，协同助推新时代乡村社会的现代化发展。职业院校作为培养乡村人才、促进乡村社会内生式发展的直接推动者，在服务乡村振兴中遵从教育逻辑，主动把培养乡村人才和促进乡村社会发展纳入学校的日常教育活动中。职业院校对乡村人才的培养离不开行业企业的有效参与，行业企业基于社会责任逻辑，从专业设置、人才培养模式、实习实训等方面与职业院校进行合作并收获良好的社会声誉，这是行业企业参与职业教育服务乡村振兴的主要动力。乡村社会作为乡村振兴的直接

受益者，基于乡村社会整体性发展的变革逻辑，从人员、空间和情感等方面积极投入职业教育服务乡村振兴实践中。多重制度逻辑相互关联，协同助推新时代乡村社会的现代化发展，而助推新时代乡村社会的现代化发展始终是不同主体在参与职业教育服务乡村振兴实践中的逻辑起点和价值旨归。基于共同的价值旨趣，不同主体依据各自的角色功能和制度逻辑，形成一个包含政府顶层设计、地方政府具体指导、职业院校人才培养、行业企业有效参与、乡村社会积极投入的理想秩序，在立体空间上构成一个环环相扣、彼此促进的逻辑链条。

二、职业教育服务乡村振兴的多重制度逻辑表征

在职业教育服务乡村振兴实践中，不同主体均存在两种立场，即职责立场和利益立场，主体的行为选择正是这双重立场之间博弈与妥协的产物。双重立场的存在是由宏观制度安排与场域内制度逻辑共同决定的。在宏观制度安排下，不同主体被赋予新的责任和社会期待，主体的行为选择更多地考虑行为的合法性。但是，在场域内的制度逻辑下，场域内已经形成了一个较为稳定的利益结构和行动机制，职业教育服务乡村振兴作为一项新的宏观制度安排，必然会涉及多元场域不同主体之间利益的重组。因此，要从职责立场和利益立场两个方面去刻画职业教育服务乡村振兴实践中多元主体的行为选择，揭示行为选择背后所遵从的制度逻辑。

（一）职业院校的教育逻辑

职业教育作为复杂社会系统的一个子系统，一般认为其具有两大显著功能，即促进产业经济发展的社会显性功能和提升人的生命整合的教育隐性功能，关注社会与人的协同发展始终是职业教育的价值旨趣。职业院校作为职业教育的实体组织存在，围绕两大功能所开展的一系列诸如课程设置、课堂教学、组织管理、学习评价等日常教育活动是其场域内最为根本的逻辑遵从。从制度的角度讲，职业院校的教育逻辑受多个方面的制度因素制约；同时，职业院校自身所固有的教育属性本身就充满着国家、社会

和个人等不同主体对其所持有的不同期待，这无形之中对职业院校的教育活动起到规范性作用。在职业教育服务乡村振兴的宏观制度安排下，职业院校无疑承担着培养乡村人才和促进乡村发展的双重使命，“对接农村、发展农业、服务农民”既是职业院校在新时代乡村振兴背景下的教育逻辑面向，也是国家和社会对职业院校的美好期待。在此制度环境下，职业院校管理者的行为选择更多会主动把服务乡村振兴纳入学校的日常教育活动中，在校内开设相关涉农专业以培育乡村专业人才，在校外定期为乡村居民开展技术技能培训，通过校内校外双重空间的育训结合助力乡村社会发展。

（二）行业企业的社会责任逻辑

在制度学派学者看来，行业企业作为一种谋求组织内部利润最大化的社会组织类型，在其组织运作过程中往往存在非理性行为，具体表现为组织或企业会花费很大资源去做一些与它的效率生产没有关系的活动。组织非理性的行为选择是因为组织同时面对着两种不同的环境要求，即技术环境和制度环境。技术环境要求组织关注市场条件等技术函数问题，注重组织按最大化原则进行生产以实现利润最大化；而制度环境则要求组织关注法律制度、文化期待、社会规范等为人们所广为接受的社会事实，注重组织的社会责任担当。同样，在职业教育服务乡村振兴的宏观制度安排下，行业企业除了关注技术环境要求下的组织生产以外，还需要自觉承担服务乡村振兴的社会责任。行业企业作为市场主体，可以利用自身优势，将资本、技术、人才等生产要素引进乡村社会，结合乡村地域特色和生态优势重组、打造乡村特色产业，助推乡村产业融合发展与转型升级。乡村产业的转型升级必然会倒逼乡村人才的结构性调整，这需要行业企业自觉寻求与职业院校的合作，通过产业与专业的对接、生产与教学的结合，校企双方协同培育适应乡村产业发展的技术技能型人才。不可否认的是，行业企业在参与职业教育服务乡村振兴实践中同样持有利益立场，一方面主动参与乡村振兴可以为其赢得较好的社会声誉，另一方面获得国家诸如税收优惠等政策扶持。

（三）乡村社会的变革逻辑

从社会改革的意义上看，乡村振兴不仅仅是经济发展问题，还涉及乡村社会基础性结构关系的重构，即社会、文化和生态等多个领域系统性关系的改变。也就是说，乡村振兴不仅内蕴一种经济发展逻辑，从深层次上讲，更包含一种乡村社会体系整体性改革的变革逻辑。从乡村振兴战略部署来看，这种变革逻辑体现在产业、人才、文化、生态和组织五个方面，在“五位一体”统筹推进中建设现代乡村社会体系，实现“产业兴旺、生态宜居、乡风文明、治理有效、生活富裕”的美丽乡村新气象。乡村社会作为乡村振兴的直接受益主体，同时也是乡村振兴最为重要的实践主体，在职业教育服务乡村振兴的宏观制度安排下，乡村社会场域内遵循的正是这种谋求乡村社会体系整体性改革的变革逻辑。基于这种变革逻辑，乡村社会在职业教育服务乡村振兴实践中的行为选择主要表现为人员投入、空间投入和情感投入。人员投入是指乡村社会提供生源参与职业院校的训育活动，不断开发乡村社会的人力资源，通过人力资源开发为乡村社会的全面振兴提供人才支撑。空间投入是指乡村社会为职业院校所培育的乡村人才提供实习实训的空间场域，实现工作场与学习场的结合。情感投入是指乡村居民要从心理上认同国家所做出的乡村振兴战略部署，以主人翁的角色积极投入乡村振兴的实践中来。

三、职业教育服务乡村振兴制度建构的逻辑路向

（一）加强校企合作，推动乡村产业系统与职教系统融合互嵌

乡村产业系统与职业教育系统融合互嵌离不开职业院校与行业企业的功能发挥。其中，行业是连接职业教育与乡村产业的桥梁和枢纽，企业对强化产教融合、工学结合发挥着关键性的支撑作用，职业院校对乡村人才培养质量起着决定性作用。因此，加强校企合作、促进职业院校与行业企业之间的紧密关联是职业教育服务乡村振兴制度建构的逻辑路向之一。为此，需要从价值共识、结构要素、合作模式三个方面来加强校企合作。

首先，寻求互惠共赢的价值共识。职业院校和行业企业作为两个完全不同的组织实体，在服务乡村振兴中都有自身的利益诉求，只有寻求互惠共赢的价值共识，并且基于价值共识为乡村人才培养、乡村产业技术创新等共同的行动框架提供规范性引导，才能突破单纯以利益、责任、资源等为关系枢纽的合作困境，区别以往短期或一次性的校企合作，实现乡村振兴实践中“校企命运共同体”的生成。其次，强化校企间的结构要素耦合。校企组织间的紧密关联需要从双方的结构要素上寻找耦合点。一是职业院校所设专业要对接乡村企业所涉产业，依托专业发展产业，以产业发展促进专业建设，形成“产教结合、以教促产、以产养教”的良性循环。二是职业院校的课堂教学要对接乡村企业的生产经营，以乡村企业生产经营的工作逻辑来组织课堂教学活动，保证教学与生产的一致性。三是职业院校的学生要对接乡村企业的员工，招生即招工，校企联合培养。最后，探索校企合作的有效模式。有效的合作模式是落实校企合作的机制保障，在职业教育服务乡村振兴实践中，要积极探索校企合作新模式，打通职业院校与乡村企业精准对接这一关口。为此，可以探索在乡村创办田间学院，把职业教育办到乡村里、田坎上，打破职业院校与乡村企业的空间阻隔，强化专业与产业的有效衔接。田间学院既是职业院校与乡村企业的沟通枢纽，也是职业院校功能发挥的空间延伸。

（二）打造“组合拳”，引导乡村人才回流乡村

针对当前乡村人才培养出现的价值偏向问题，需要从政策保障、供给侧改革和社会宣传三个方面对乡村人才培养的价值目标进行纠偏，引导乡村人才回流乡村，这也是职业教育服务乡村振兴制度建构的逻辑路向之二。

首先，完善有关乡村人才培养的制度框架和政策体系。从培养单位来看，要把普通教育、成人教育和职业教育整体纳入乡村人才培养中来，在课程模块上体现“普职成统整”，在教学模式上体现“农科教统筹”，实现乡村教育与乡村人才培养的融合发展；从培养过程来看，加强乡村人才就业之前的综合素质培育，同时也要注重对乡村人才就业之后的技术技能培

训，及时更新技术技能知识，实现“职前职后一体化”培养；从培养对象来看，除了培育乡村适龄学生之外，要加大对返乡务工人员、传统手艺人、致富带头人等的培训，实现“学历教育与培训并举”。此外，国家和地方政府要构建相关的政策保障体系，为乡村人才回流乡村提供良好的环境。一是加大乡村基础设施建设，整体提升乡村居住环境；二是完善乡村社会保障服务，尤其是提升乡村教育、医疗水平，整体提高乡村生活质量；三是促进乡村一、二、三产业融合发展，为乡村人才提供广阔的发展空间。其次，职业院校进行供给侧结构性改革。一方面，国家和地方政府要加大对涉农职业院校和涉农专业的政策扶持，为涉农职业院校的校园硬件设施建设、涉农专业建设、师资队伍建设、农业生产实训基地建设等提供资金支持，保障涉农职业院校和涉农专业的基本办学条件；另一方面，职业院校要调整自身专业结构，主动与当地农业产业结构对接，实现供给侧与需求侧的双向耦合；此外，职业院校要加强自身的校园文化建设，树立良好的“校风”“教风”和“学风”，以增强职业院校自身的吸引力。最后，注重社会舆论宣传导向。国家和地方政府要设置乡村振兴先进个人和先进集体的相关奖项，对在乡村振兴实践中具有突出贡献的个人和集体进行表彰；新闻媒体对返乡就业人员、乡村振兴先进集体和个人的事迹要加大舆论宣传，鼓励和引导社会人才、组织团体积极投身于乡村振兴实践中来。

第二节　新时代职业教育服务乡村振兴的作用与路径

职业教育在服务乡村全面振兴过程中可以提供人才支撑、技术支撑、文化支撑，助力终身学习、精准扶贫，提升农民素质。基于此，可以提出增强农民认可度、强化技术服务支撑、优化专业设置、创新人才培养模式、提升课程内容适切性、深化产教融合、加强职业教育师资建设等优化路径。

乡村兴必先人才兴，人才兴必先教育兴，乡村教育振兴是实现乡村振兴的关键变量。基于此，在全面推进乡村振兴加快农业农村现代化的大背景之下，职业教育服务乡村全面振兴意义重大。

一、职业教育服务乡村全面振兴的主要作用

（一）提供人才支撑

乡村振兴，关键在人，人是乡村全面振兴的前提和基础，只有将人才引进来、留下来、育出来，才能实现乡村全面振兴。职业教育致力于培养从事某一生产经营活动的专门人才，为促进产业转型升级、推动人才结构优化贡献了重要力量。职业教育面向农村，通过探索乡村实用人才培养和使用的长效机制，培养靠得住、用得顺手的本土人才，为农村发展培养新型职业农民和乡村工匠，有效提升了农村劳动力的素质。

（二）提供技术支撑

现代农业是三产高度融合的产物，在资源有效利用、功能充分发挥的现代农业产业体系中，需要用现代科技改造农业。乡村振兴的重要任务是实现农业现代化发展，而现代农业的显著特点是形成知识密集型和技术密集型产业，职业教育为现代农业科技发展提供了动力，为乡村振兴提供了技术支持，在技术研发和推动成果转化中发挥了引领作用。

（三）提供文化支撑

传承优秀传统文化是繁荣农村文化的重要目标和有效途径。乡村振兴战略不仅要扶贫，更要扶志，需要从根本上改变制约乡村发展的条件。职业教育本身处于一定文化背景下，通过与乡村相关产业的对接，有力推动了优秀乡村文化和传统技艺的传承和发展，在促进乡村全面振兴过程中发挥着重要作用。职业教育通过挖掘、改造和宣传，让有形的文化留得住、看得见，让农味、土味、原生态乡土文化焕发新时代的魅力和风采。

（四）助力终身学习

在国家大力发展职业教育的背景下，职业教育体系不断完善，职业教育发展质量不断提升，大量农民通过学历教育获取了新的发展机会，农村

居民的学历层次显著提高、素质水平不断提升、阶层固化局面被逐渐打破。通过开展系统的职业教育培训，激发了农民自身的资源配置能力和处理复杂信息的能力，使其拥有了更多职业选择和职业流动机会。职业教育为农村居民提供了终身学习的机会，使他们更好地适应社会的发展变迁。

（五）助力精准扶贫

职业教育为农村经济注入了活力，是促进农民增收和提高农民生活质量的关键因素。职业教育可有效提升农业生产效益，通过对劳动者技能的训练，有效提高农村边际生产效率，从而提高农民的经济收入。此外，职业教育通过技术赋能为广大农村孩子改变命运提供了机会。

（六）提升农民素质

职业教育对农村居民个人素质的提升、社会责任意识的培养及促进农村劳动力的社会化成长都具有重要的推动作用，能够有效实现教育的引导和教化作用。此外，职业教育由于其特殊性质，还具有独特的社会功能，不仅为劳动者适应当下技术需求提供必要的培训，还注重培养劳动者适应职业变化发展的能力，这将有效激发乡村劳动者自身潜能的释放，提升劳动者自我管理能力和自我监督能力，从而助推实现高质量的乡村治理。

二、职业教育服务乡村全面振兴的优化路径

（一）增强农民认可度

在乡村振兴战略背景下，职业教育不仅要注重农业生产技能的培养，还应重视农民综合素质的提升，把培养和塑造新型农民作为衡量职业教育政策价值的标准；要形成以培育有文化、懂技术、会经营为价值目标的，以“扶志”“扶心”“扶智”“扶资”与“扶业”为逻辑框架的乡村融合型职业教育。因此，要注重加强对职业教育服务乡村政策措施的宣传，改善职业教育服务乡村全面振兴的环境，让农民充分认识到职业教育对促进个人发展的重要意义，增强民众认可度。

（二）强化技术服务支撑

创新职业教育的服务模式，以职业院校为核心释放供给活力。职业院校应围绕乡村特色产业项目提供推广节本降耗、增收致富的实用技术，定期组织师生开展科技下乡和技术咨询、技术指导等服务活动，将新技术传播到农村的田间地头，提高新技术的推广率和实施率，切实为农业的增产、增收、增效提供科技支持；要加强实用农业技术创新成果的推广宣传，加强职业农民、农村干部和新型经营主体的技能培训，提高各主体的科技文化水平和生产实践技能，调动共同参与乡村振兴的积极性，培养创新意识和合作精神。

（三）优化专业设置

随着我国经济社会由高速发展向高质量发展的转变，以及农业供给侧结构性改革进程的加快，农村产业结构进一步融合发展，一些新兴产业随之兴起。在这一背景下，职业教育需要调整专业设置以顺应乡村经济发展对人才的需求。职业院校要树立大农业观，着眼于当地农业资源的特点和优势，构建与之相符合的专业体系，根据产业融合发展的目标和需要建设涉农专业，从而更充分地发挥服务和导向作用。

（四）创新人才培养模式

职业教育质量和效果最终体现在人才培养质量上，这要求职业教育要根据乡村经济社会发展特点和教育对象身心发展特点开展人才培养模式的改革创新，凸显区域农业发展特色，从而保障人才培养质量；要积极探索农村职业教育人才培养模式，进一步强化课堂、课程、教材、教师、基地、产业等关键环节的再设计，使所学知识和技能实操化、亲农化、终身化，从而培养乡村全面振兴急需的新一代爱农业、懂技术、善经营的人才。

（五）提升课程内容适切性

在供给侧结构性改革的背景下，经济社会发展对人才需求不断发生变化，职业院校课程内容与职业标准的对接情况越来越受到关注。学生掌握的理论知识与就业岗位符合度是衡量职业教育质量的重要标准。因此，职业院校在课程设置上要强化与职业标准的对接，与地方经济社会协同发展；要加强课程设置与实际工作的联系性，注重对学生实践操作能力和创新能力的培养；同时，要积极发挥专业优势，结合农业生产实际，在教学中增加示范性操作，培养学生的专业技能和动手能力。

（六）深化产教融合

为推动乡村振兴战略的实施，职业院校应根据自身的性质和特点，加强和深化与乡村的沟通合作，从而促进产教融合。职业院校要改变封闭办学的传统，主动融入区域农业发展，与当地区域乡村产业布局相适应，因地制宜地增强职业教育服务现代农业发展的针对性；以类型教育为突破口深化职业教育改革，促进产教融合、校企“双元”育人机制；要积极与政府部门和相关企业建立联系，充分调动各方力量，发挥各方资源的叠加效应。职业教育发展需要完善体制机制，整合多方教育资源，建立农业、科技和教育协同发展机制，及时将最新技术应用到农业生产实践中。

（七）加强职业教育师资建设

创新职业教育师资队伍建设机制，能够有效提升农业人才的专业化培养质量。在人才供给方面，要加强农村职业教育师资队伍建设，建立人才回流机制，引导和鼓励优秀青年教师到乡村支教，在教师职称晋升中给予政策倾斜；鼓励优秀毕业生到乡村任教，提高乡村教师待遇，实行同一区域职业院校教师的岗位流动，努力打破多年形成的教师单向流动态势，保障涉农专业教师数量充足。同时，职业院校要注重加强对教师的专业化培训，开展农业知识和技能培训，为服务乡村振兴提供优质的师资保障。

（八）强化协调服务能力

在职业教育发展过程中，政府承担了顶层设计、资源配置和统筹协调的职责，在实施乡村全面振兴战略的背景下，应及时转变观念，将产教融合提升至促进经济社会发展的高度，将职业教育服务乡村全面振兴纳入整体战略规划中；设立由多部门组成的日常办事机构，负责整合各类要素、明晰各方权责，充分发挥各部门的职能，从而充分发挥资源的层叠效益；

为乡村振兴发展提供制度保障，建立多层次的监管和问责机制。

（九）强化机制保障

乡村振兴战略的推进需要制度作为保障，在制度安排上要充分满足乡村建设的资源配置需要和公共服务需要。从经济学角度来看，人力资本的收益并不是显而易见的，而是具有渐进性和累积性的，这也与教育的公益性属性相契合。因此，应构建多元化格局，围绕农村农业发展实际，提供必要的、充足的保障供给和资源配置机制，拓宽经费筹集渠道，扭转农村职业教育低层次运行的状况。

第三节　职业教育服务乡村振兴战略能力提升

一、职业教育服务乡村振兴战略的创新对策

乡村振兴是一项久久为功的大工程。职业教育服务乡村振兴战略需要有步骤、有计划地推进。乡村振兴为职业教育发展提供了新的契机，职业院校需主动融入这一历史进程，构思乡村振兴服务的发展蓝图。

（一）调整办学定位

乡村振兴战略的实施需要大量优质人才的支持。职业院校需要基于乡村振兴战略对人才的需求，调整办学定位和人才培养模式。

职业教育要树立发展新理念，服务建设现代化经济体系和实现更高质量、更充分的就业需求。人才是实现乡村振兴的关键所在。职业教育需要积极调整办学定位，走内涵式的发展路线，将培育现代化的职业农民、对接乡村产业的发展作为办学的出发点和落脚点，致力于培育经营水平高、生产技能强、综合素质高的优质乡村振兴人才。

推广“政、校、村”的联合办学模式，由基层政府统筹乡村振兴所需要的各类人才，选派人员进入职业院校参加学习。职业院校则根据自身的

特色技术优势和教学资源等对接乡村振兴战略，调整专业人才设置，根据政府要求优化教学体系，培养满足乡村振兴要求的卫生、文化、教育、科技、管理和经营人才。

（二）细化育人体系

培育新型职业农民，构建一、二、三产业融合发展体系，实现农业现代化发展，是国家高度关注的重要问题。相较于传统农业，现代化农业的根本特征是经营主体发生了变化，要求其掌握现代经营管理理念，善用先进的科学技术。因此，产业振兴对农民的综合素质和技术能力提出了全新要求。就目前我国农村的实际情况来看，人才结构和素质与现代农业的要求还有一定的差距，农民素质难以满足现代化农业发展的要求，要大力推进现代农业的转型和升级，优化农村劳动力结构。职业院校要基于农业发展要求，培育会经营、懂技术、有文化的新型职业农民，包括现代化加工管理人才、农民专业合作社带头人、家庭农场主、专业大户等。

培育乡村精英，打造自治、法治、德治相结合的治理新体系。乡村具有一定的特殊性，长期以来乡村的自治和法治成效并不理想。职业院校需要根据乡村结构的变化及治理能力的要求进行优化，提升人才的整体素质。在育人模式中，需要着力为乡村地区培育领袖型的核心骨干力量，即乡村精英。同时，职业院校要致力于培育知法、守法、懂法的安全治理人才、基层法治人才等，使这类人才与机关企事业单位、优秀领导干部、乡镇机关公务员、乡镇领导干部、事业编制人员等形成合力，共同助推乡村振兴战略的实现。

职业院校需要拓展人才培育领域，通过多种方式培育懂经营、懂生产的复合型电商人才，为乡村振兴提供人才支持。

乡村振兴要求培育一批乡村工匠、现代先贤、文化能人、民间艺人、农村职业经理人等乡土文化人才，这类人才在乡风文明中发挥着不可替代的引领作用。职业院校需要吸纳有文化底蕴的民间艺人进入学校，为其提供系统化的培养；同时，培育优质的知识分子，使学生成为乡村文化学者，让他们在毕业后能够投身于乡风文明建设和乡土文化教育中，为乡村文明注入新的活力。

（三）发挥产教融合作用

职业教育服务乡村振兴，应根据乡村振兴的要求布局人才链和专业链，需要继续深化校企合作，发挥产教融合的优势，通过多个层面实现产教融合，将职业院校的人才培育与乡村振兴战略深度衔接。在实践中，职业院校需要发挥自身在学科上的优势，促进农业、林业、制造业、新能源、信息技术等产业之间的交叉融合发展，为乡村振兴打通“最后一公里”，充分发挥产教融合作用。与此同时，着眼于农村产业的升级要求，挖掘乡村资源的优势，与乡村企业达成合作，让人才有进驻乡村服务、实习的机会。根据乡村的资源优势，大力培育农产品深加工业、乡村旅游产业、休闲农业等方面的优质人才，开发管理、营销、加工、信息技术等方面的培训课程，为新型职业农民提供优质的培训，从而搭建适应乡村振兴的人才培育体系。

（四）实现校村文化共建

校村文化共建能够让职业院校与乡村之间形成精准的结对帮扶战略，为乡村提供文化站、文化中心，打造“一村一品”特色品牌。职业院校要针对乡村本土人才提供针对性指导，促进非物质文化遗产与职业教育之间的衔接，为农村非物质文化遗产的传承提供基础保障。要求各专业教师深入乡村，了解乡村文化的实际情况，在保护和传承的基础上进行整理与改编，推出反映乡村新风貌的优秀文艺作品。要发挥职业院校社团的作用，职业院校社团类型丰富多样，有武术、音乐、舞蹈、绘画、摄影等，通过社团活动大幅提升学生的文艺水平，也为乡村文化的建设提供了优质的人才。职业院校可定期举行“三下乡”活动、“三农”活动等，共同助推乡风文明的建设。乡村振兴对乡村的基层干部综合素养提出了新要求，他们是乡村振兴的领导者，也是引领乡风文明的风向标，由职业院校发挥自身的专项培训功能，为基层干部提供文化方面的培训，共同引领乡村文明新风尚。

（五）打造协同治理体系

乡村振兴需要多个主体的参与，包括社会、政府、村民、学校等。为了打造美丽宜居的乡村环境，需要遵循“先建机制，后建工程”的原则，由政府、学校、村民、村集体、企业等共同出谋划策，构建完善的乡村发展规划平台。一是要打造生态宣传教育分享平台。观念决定行动，要真正实现乡村振兴，必须提升农民的环保意识、责任意识和生态文明意识。职业院校可以根据乡村的实际情况，拍摄与生态文明宣传相关的短视频，在公众号发布图文，大范围组织公益宣讲活动，使农民自觉保护环境。二是打造生态积分兑换平台，鼓励村民参与各类环保行为，参与了环保行为之后，可以取得相应的积分，积分可以兑换日常用品。三是构建绿色发展平台，建立生态旅游示范精品路线。发挥职业院校的技术优势，大力发展绿色农业，结合乡村地区的实际情况，打造生态教育基地、绿色农业生态园等，充分挖掘乡村生态优势，实现经济良好发展。

（六）强化师资队伍建设

为了让职业教育与乡村振兴对接，需要强化师资队伍建设。从职业院校内部来看，要从源头上保障教师的质量和数量，改革教师招聘制度，到龙头企业招聘理论水平较高、实践经验丰富的涉农专家，到职业院校中担任兼职教师，邀请当地的农业科技研究院科研人员来担任学校教师，壮大“双师型”队伍。为了提升教师的职业能力，需推行定期轮岗培训，由校企合作共同培育师资队伍，促进“双师型”队伍建设。发挥模范引领作用，加强教师的师德建设，切实抓好理想信念教育，将师德建设与优秀传统文化、社会主义核心价值观结合，让广大教师主动提高思想觉悟，为乡村振兴贡献力量。在外部环境上，政府、高职院校要采用科学的激励策略，提升教师职业的吸引力，健全保障体系，为教师队伍制定适宜的政策措施，从保障社会地位、职位晋升、职称评定上做出细化规定，适当提升教师的职业地位和社会地位，优化当前“双师型”教师队伍的现状。

二、信息技术服务乡村职业教育振兴的路径探索

在信息技术发展迅速的信息化时代背景下，国家对信息化人才的需求越来越大，这充分体现了我国在教育改革过程中制定的“科教兴国，人才为本”的战略方针。信息技术作为一种资源和手段，在农业生产和农产品销售中发挥着越来越重要的作用。同样，信息技术与职业教育相结合，能够在很大程度上促进新型职业农民的培养，推动农村经济的发展，实现乡村职业教育的振兴。信息技术是乡村职业教育发展中的一道催化剂，它能够促进教育与生产更蓬勃地发展，培养更多更优秀的时代人才，为中国乡村的伟大复兴添砖加瓦。

（一）信息技术支持下的乡村职业教育是时代的需要

随着国家整体经济水平的不断发展，提高农民整体素质的需求日益增强。信息技术是农民大众掌握文化知识和科学技术、建设新农村的重要手段，而农村职教发展现状分析是开展信息技术服务的首要环节。

信息技术包括传感技术、计算机与智能技术、通信技术和控制技术这四大技术，它在百度百科上的定义为“用于管理和处理信息所采用的各种技术的总称”。随着社会和科学的发展，信息技术充斥着各个领域，国家要求从小学阶段就要普及信息技术教育，培养学生的信息素养，发展他们获取、处理、传递、辨别信息的能力。

信息技术在农业生产和销售中也发挥着越来越重要的作用，如农业专家系统、农业生产管理系统、农业生产模拟系统、农业信息销售渠道等，信息技术推动了农业经济的发展。

信息技术是将乡村职业教育推向世界教育的敲门砖，将会改变农村职业学校的传统教学模式。有了信息技术的支撑，乡村职业教育的教育对象能够扩大到广大农民，培养更多的新型职业农民；有了信息技术的融合，乡村职业教育的教学和管理流程能够得到极大的改善；有了信息技术的推动，乡村职业教育的信息资源能够不断进行更新和交换，农民更多地接触

农村以外的世界，拓展思维、打开眼界，给农业发展注入新的力量。

（二）信息技术服务乡村职业教育振兴的路径建构

1. 信息技术服务乡村职业教育的相关分析

信息技术服务乡村职业教育的出发点是将信息技术更好地运用到乡村职业教育体系中，提升乡村职业教育质量，逐步达到乡村职业教育振兴的宏伟目标。要顺利地完成这样重大的历史任务，必须以职业教育为重点提高农村人口整体素质。在信息化社会中，信息技术支持的教育教学能够更好地促进学习型社会、终身教育体系的构建，突破农村教育的单薄性，研究符合当代农村现状特征的信息技术服务乡村的职业教育体系具有极强的现实意义。

（1）必要性分析。信息技术与乡村职业教育融合有利于培养新型职业农民。信息技术是实现乡村职业教育培养大量新型职业农民的必要手段，以满足多元化新型农民对现代化农业的需求。信息技术有利于解决职业教育资源结构性短缺的问题，信息技术的支撑能够将资源进行保存与分享，对专业教师的授课进行录制保存，或者实行远程教育，使农村学习者的受众面更广，很好地解决了资源短缺的问题。信息技术还有利于资源与教学的管理，采用信息化的管理手段及评价体系能够大大节约时间成本，促成高效率的资源管理与教学管理。除此之外，信息技术有利于促进农民自主学习，呼吁终身学习理念。有了信息技术的支撑，农村学习者可以突破时间和空间的限制，随时随地进行自主学习。

（2）可行性分析。当前我国农村正处于新的发展阶段，农民生活水平亟待提高，传统农业方式急需转型，信息技术的发展给新农村建设带来了新的机遇，信息化职业教育便是开创之路。

（3）目标建设。为了更好地服务乡村职业教育振兴，借助信息技术拟实现这样几个方面的突破。①建立资源交换平台，实现信息资源的共享，打破农村职业学校资源的单一性短板，在多个区域的职业学校间建立连接平台，实现各个农村职业院校的优质资源互惠，并且实现农村职业院校与农技站的有效对接，将更多优质的农业技术推广到广大的农民群众中去。信息技术资源的共享将会突破不同学校、不同机构乃至不同地区之间的界限，打破封闭状况，有助于未来的乡村职业教育和农民职业培训的科学规划，实现乡村职业教育振兴。②搭建教学、学习资源库，丰富课堂教学和课外学习。资源库中应包含CAI教学课件、农科精品课程、重难知识点的辅助材料、会议记录、学习文件等，教育者在课堂上、会议上可以通过系统进行调取，学习者在课外或会议外也可以通过账号密码从资源库查找并自主学习，打破涉农学习时间、空间的局限性，强调所需知识的针对性和高效性。③实现资源共享。培养高素质的信息技术管理人员，对服务系统及资源平台等进行维护和管理，确保信息技术支持下的教学活动正常开展。除此之外，实现系统内部和区域间的人力资源共享，让他们在不同的岗位发挥各自的优势，努力使他们形成一个互相联系的整体。

2. 信息技术服务乡村职业教育的路径构建

该路径框架包含四个层次：设计层、开发层、应用层和评估层。设计层为管理者根据前期分析报告和需求进行具体目标规划。开发层为建设者根据方案逐步搭建体系，细化具体目标，其中的体系架构包含资源交换平台，教学、学习资源库和人力资源库。应用层将开发好的资源应用于涉农职业培训教育及农村党员干部培训教育中予以实践。评估层根据教育者（培训者）和受教育者（参训者）的应用反馈、学习成果、体验效果等系列指标进行体系评估，进而反馈给管理者和建设者，调整目标进行二次开发。二次开发的核心目的在于建设符合地方实际的特色资源，能够避免无用资源造成的浪费，挖掘对农村学习者有价值的职业教育资源，提高教育资源的利用率。

（1）服务面向的对象。建设新农村、实现全面建成小康社会，不仅需要培养大批有创造力、懂技术、敢实践的新型职业农民，还需要培养一批有文化、懂农业、爱农民的管理人员。因此，信息技术服务乡村职业教育主要面向两个层面：一是涉农职业培训教育。该类教育主要讲授农村经济政策和科学管理知识，将教学、生产劳动与科学技术等活动密切联系起来，通过涉农职业培训培养大批新型职业农民，使其有效参与农业生产劳动。二是非正式正规的农村党员干部教育培训。该类教育没有严格的教育制度和体系，只是在培训学习中积累知识和技能、形成态度和价值观，打造新时代下的高素质农村管理人员。信息技术职业教育服务体系主要面对这两类教育对象，从党员管理队伍到广大农民群众都进行知识武装，提升他们的信息素养，同时实现乡村职业教育振兴。

（2）资源交换平台的建构。农村地区交通不便，信息难以流通，资源交换平台的建构是以数据交换为核心，很好地解决了信息闭塞的问题，实现各农村区域间的优质资源共享，并且能够有效缓解农村师资紧缺的教学压力问题，在一定程度上提高了资源利用率。建设者和管理者通过第三方系统接入管理，实行用户的注册与认证，登录账号上传和下载资料进行数据整合，从而形成模块清晰的门户网站。其中包含三大模块系统：一是管理系统，对用户及管理人员信息、资源更新状态等进行管理；二是中心数据库，主要承载交换平台搜集和筛选的数据资源，各职业院校和农技站分享的数据资源都可被保存在中心数据库中；三是辅助系统，可通过微博、论坛等平台收集信息，完善资源交换平台，并且设有反馈和评价等模块，实现广大农民群众对信息交换平台的监督与管理。

（3）教学、学习资源库的建构。农村地区网络机制还未健全，资源获取受到限制，教师在课堂上仅凭语言授课难以达到理想效果。此外，大多农民群众文化基础薄弱，课下若不及时巩固，就会导致知识点的消化吸收不好。资源数据库的设计服务于乡村职业教育的教育者和受教育者，在涉农职业培训中，教育者可以快速调取课程相关资料对农民群众进行授课，课堂外农村学习者可以通过数据库调取学习资源进行复习巩固和自主学习，快速掌握相关知识点。资源库的建设需全面完善，针对涉农职业教育层次，数据资源包括相关课程的CAI教学课件、精品课程视频、重难知识点的习题及答案解析等；在农村党员干部培训教育中，管理培训材料、会议视频、会议记录、学习视频等都应被纳入资源数据库中；此外，还可融入资源交换平台共享资源所形成的中心数据库，使乡村职业教育信息资源达到巅峰状态。

（4）人力资源库的建构。资源交换平台和资源数据库的建设需要专门人员进行数据录入和整合，服务体系的正常运行需要专门人员的维护与管理，由于农村地区信息技术人才少，再加上偏远地区的网络体系不健全、信号不流畅，使信息技术服务系统的维护和运行成为一大难题。因此，服务体系中的人力资源库建设也是一个重大关键点。在人力资源库的建设中，应考虑将各方面的因素进行有效整合。首先，在系统的维护与运行方面，需要技术人员进行调控，信息技术专业人员不可或缺。其次，为了达到农村地区职业院校的互通有无、形成高效率的团队整合，各农村职业院校的管理人员也要被纳入人力资源库中。最后，该体系主要服务于农村职业院校，对涉农专业的资源评价与管理还需要农业专家进行指导。

（三）信息技术服务乡村职业教育的保障建议

信息技术服务乡村职业教育振兴的实现有利于提高乡村干部和农民的信息素养，有助于缓解农村信息资源短缺问题，有益于实现乡村职业教育振兴的日标，进一步促进乡村振兴。为了顺利推行信息技术支持乡村职业教育的振兴，从而保障乡村振兴战略的顺利实施，还需要国家政府、社会组织及个人的保障和支持。

1. 基础的硬件设施保障

信息技术服务乡村教育体系的首要任务是开展信息技术教学，提升广大农民的信息素养，而多媒体教室是开展信息技术教学方式最基础的硬件设施。每个多媒体教室需配置投影仪、实物投影台、宽带安装、电脑等基础设备，相关政府部门需着重检查每个乡村职业院校及党员学校的硬件设备配置情况，对还未达到国家标准的地区进行资源补齐，进一步推进信息服务体系的建构。

2. 充足的资金保障

资源交换平台和资源数据库的建设需要资金的填塞，并且农村教室硬件设备的组装和运行也是一笔巨大的开销。因此，充足的资金是服务体系正常运行的基础保障。管理者可以通过分析体系建立的需求，估算相应的经费需求，填写资金申请表，国家及省、市相关政府部门根据申请表的合理性划拨经费。在此基础上，政府还可以制定一系列激励政策，鼓励事业单位、社会组织及个人进行资金捐助，扩大资金的来源。

3. 师资队伍和资源管理人员的支持

现阶段服务体系的建设必须有教师的使用才能体现其实践价值，而且专业的资源管理人员在体系建设中必不可少，他们需要对信息资源进行筛选和更新，对体系的正常运行进行维护，因此对专业的师资和资源管理人员的队伍建设迫在眉睫。

第四章　新时代职业教育服务乡村人才振兴的路径

第一节　乡村振兴战略人才支撑体系建设的基本内容

明确乡村振兴战略人才支撑体系建设的基本内容是构建乡村振兴战略人才支撑体系的前提和基础。乡村振兴战略人才支撑体系建设的基本内容主要包括培育新型职业农民、加强乡村专业人才队伍建设等。

一、培育新型职业农民

乡村产业振兴的基础在农业，所以新型职业农民是乡村振兴战略人才支撑体系中的主体。培育新型职业农民具有战略上的现实紧迫性。

（一）职业农民

在《辞海》中，农民指的是从事农业生产和农业经营相关工作的群体，可见农民本身就是一种职业概念。与传统的农民相比，职业农民概念不仅表示农民身份上的含义，更加突出其“职业属性”，更加强调其工作的高效益和专门性。农民将农业作为一种能够追求高报酬经济效益的产业来看待。根据职业农民的概念，其具有以下几个特点：

1. 具有一定的文化水平

与传统农民相比，职业农民从事的工作更加依靠现代科技，这就决定了职业农民自身需要具有一定的知识和技术水平。另外，随着科技更新换代的速度提升，仅凭借固有的知识水平是不足以面对技术增长需求的，所以职业农民必须具有接受新知识的意愿，能够参加职业农民的相关培训，提升职业技能。

2. 面对市场从事生产经营活动

与传统农民所面对的自给自足的生产状态不同，职业农民是农业产业结构调整的必然结果，是农业内部分工的必然选择。职业农民伴随着工业化时代的发展而发展，不仅高度依赖产业分工，更需要与效益对接，面对市场开展生产与经营活动。因此，对于职业农民来说，需要具有高度的成本意识、风险意识和品牌意识，以更为先进的理念和现代化的方式应对市场竞争压力。

3. 与政府和农业科研机构形成良性互动关系

作为推进农业现代化的创新主体，农民需要依托政府与科研机构获得可持续的发展。政府承担着推动农业发展、稳定乡村社会治理秩序的基本职能。为了推动农业发展，国家建设了众多农业可持续发展示范区、国家现代农业示范区、特色农产品产业园、乡村改革示范区等重点突出、权责明确的农业示范项目。在这些示范项目中，活跃着大量农民合作社的带头人、家庭农场经营人等专业示范性人才。结合政府平台的大力支持，将更多农民群体纳入其中，通过这些具有丰富农业生产经验的先进人才带动普通农民向职业农民身份的转变。在此过程中，农业科研机构应当发挥使农民获得先进技术、降低市场风险、提高生产效益的科研属性。在政府和科研机构的有力支撑下，使农民与农业生产系统形成稳定的良性互动关系。

（二）新型农民

目前，我国农业劳动力呈现向第二、三产业转移的趋势，伴随着新生代农民工大量的入城转型，造成了新生代农民工群体对土地的陌生化，而在留守乡村的一线农民中出现了总量不足、结构失衡和整体素质不高的问题。这些问题呼吁新型农民在“三农”问题的解决中发挥作用。对比传统农民，新型农民“新”在以下几点：

1. 职业选择倾向于内在和外在双重因素

所谓的内在因素，是指自我的偏好；外在因素，是指市场的选择。传统农民身上背负的“农民”烙印更多强调的是社会分工的被动性，而新型农民则更趋向于对职业的自主选择。新型农民善于以自己的知识结构和劳动水平面对市场变化，获得更高的市场报酬。因此，新型农民从事农业生产经营是内外的双重选择。

2. 活动范围和对象具有开放性和流动性

传统农民由于种种因素不得不固定于土地之上，无论是活动范围还是视野和所面向的市场，都具有一定的封闭性。而新型农民作为一种市场经济视野下的职业属性具有广泛的开放性和包容性，既可以是本地农民，也可以是外地农民，这种面向市场的流动性为新型农民的培养提供了广阔空间。

3. 具备现代农业所要求的能力素质

新型农民具有较高的文化素养，具有农业专业的技术水平，是现代农业的生产经营者。他们的科技知识、管理经验、技术技能等综合素质水平都超过了传统农民的总体水平。因此，在市场经济视野下，新型农民的知识结构不应当是封闭和单一的，多样化的市场活动决定了农民同时是农业生产经营、专业化服务和管理的创新主体。这就要求农民不仅要具备农业生产的基本素质，还应当具有一定的现代管理理念；不仅应掌握农业技术的相关常识，还要懂得计算机科学、网络技术、电子商务、生物科技等多重知识；不仅是现代农业生产经营者，还应当具有将农产品的生产、加工和经营链接为一体的初步能力；不仅是新技术和新品种的使用者，还应大力做新技术、新技能、新品种的推广者和发明者；不应仅仅是农产品生产与加工从业者，还应当致力于将特色农产品与当地特色和优势项目有机结合，将农业拓展为集种养、旅游、教育等于一体的多功能新业态。

4. 新型农民具有带动群众脱贫致富的能力

新型农民是农业生产经营示范者，在网络信息化条件下，应当充分利用新兴科技的传导作用，发挥传输市场信息的先导者功能，整合科技、金融、信息等多种要素，发挥带动其他农民群众脱贫致富的作用。但是，受乡村培训成本、培训资源等相关因素的制约，新型农民的培育还不能够在乡村全面得到覆盖。因此，必须加大对新型农民技术和经验优势的宣传与推广，在集中效率的同时，发挥先进示范作用，提高劳动生产率，带动农民群众走上致富之路。

（三）新型职业农民

1. 爱农业是基础

农民与土地不可分割，新型职业农民归根结底需要扎根于土地。从社会角度来说，新型职业农民的职业价值恰恰体现在农业的生产与经营之中，新型职业农民新时代的职业属性体现了其对土地的坚守和对人文科技的尊重，需要对农业农村具有深刻的爱岗敬业精神。新型职业农民以时代赋予的科技属性，更加注重特长的发挥和个性的选择，更加能够激发农民群众的创造性和凝聚力。

2. 懂技术是核心

与传统农民不同，新型职业农民包含着为适应农业现代化发展需求而延伸的一系列素质要求，如具有相关的科技文化知识、掌握现代农业生产技术、具有现代社会责任感、具备职业农民基本的职业精神、终身学习与创新创业理念等。因此，从事农业生产不再是农民仅仅与土地打交道，而是要将自身投入市场中以更好地改变农业发展传统模式。这就要求从事农业工作的人员具备充足的农业知识，才能保证农业生产的高效性和科学性。

3. 善经营是关键

随着新型工业化、信息化、城镇化、农业现代化的同步推进，我国农业经营主体面临着诸多形势的重大变化，其中的多元主体经营非常具有代表性。因此，在现代农业经营与发展背景下，新型职业农民应当培养对政策的深刻理解力和对市场的敏锐观察力，以现代化的经营理念理解和应对市场变化。

（四）乡村振兴培育新型职业农民的紧迫性

大力培育新型职业农民是我国实现乡村振兴的内在要求，是缩小城乡差距、转变乡村发展方式的现实渠道，是实现中华民族伟大复兴的有效举措。大力培育新型职业农民具有深刻的战略意义：

1. 培育新型职业农民是现代职业属性的客观要求

根据中国职业规划师协会的定义，“职业”是“职能”与“行业”的有机结合。新型农民具备现代社会的职业属性，所以培育新型职业农民应当与过去传统农民的零散性和自发性成长有所区别。想要成为现代社会的“职业”农民，必然要求根据农业发展和乡村岗位所需的素质要求，形成有效和规范的职业能力培养系统，促进传统培养模式向现代职业技术培训模式的转移，让现代新型职业农民的职业身份属性更具归属性，使新型农民在现代化社会职业分类标准中更具科学性。要使农民回归到职业体系中，淡化身份标签，拓宽收入来源，享受更加平等的城乡发展统筹下的公共服务，激发农民群众的创造热情，推动和促进劳动力资源在更大范围内的优化配置和农业的可持续化发展。因此，我国乡村亟需根据生产经营型、专业技能型和社会服务型的主要岗位类型，建立涵盖职业岗位、职业素质和知识能力所要求的目标体系，逐步建立和完善以职业素养为依托、以职业知识能力培育为重点、以社会需求为引导的现代化职业培育体系。

2. 培育新型职业农民是推进城乡融合发展的重要举措

改革开放以来，由于政策推动和政府导向，我国的劳动力、资金投入等要素向城市倾斜，导致我国城乡发展出现失衡。由于城市在教育、医疗、就业等多个方面存在显而易见的优势，大量的乡村年轻劳动力从乡村流向城镇。因此，推动城乡融合发展，首先就是完善劳动力统筹，而有效的劳动力统筹应当实现城乡公共资源的均衡和要素的平等。这就需要加快新型农民的培育，通过建设现代农业，切实转变农业发展方式，提高农民的科学文化素质和生产经营能力，吸引高素质的乡村劳动力反向流动。而新型职业农民利用个人先进的技术与经验，获得在乡村发光发热的成就感和价值感，让乡村经济在新时代下焕发勃勃生机，进一步缩小城乡差距，推动乡村振兴战略的实施。

3. 培育新型职业农民是解决农业、农村和农民问题的有效途径

农业、农村和农民的关系密切，最为核心的是农民。培育新型职业农民就是在提高农民的综合素质，也就抓住了解决我国农业、农村和农民问题的根本。这不仅使农民能够掌握适应时代发展的创新能力和学习精神，还能够提升农业整体的生产效率，提高农业的产业附加值，提升乡村在经济、文化、社会、生态等多个领域的全面改革。可以说，培育新型职业农民是一个符合我国新时代要求的战略思想，通过提升农民的素质，推动我国农业的现代化发展。

4. 培育新型职业农民是农业现代化的必然要求

相对于传统农业而言，现代农业在规模、技术、自动化、专业化、管理、效益等方面均对从业者提出了很高的要求。与传统农业的区别在于，现代农业是一种人才、技术、资本等要素高度密集的产业，农民综合素质的高低密切关系着农业现代化发展水平。而现代农业的发展关键在于人力资本，培育新型职业农民在一定程度上就是在塑造中国农业发展的未来走向。在目前的形势下，掌握现代农业技术知识、熟练使用现代化的机械设备、具有市场前瞻意识和化解市场风险的能力、具有市场营销与经营管理水平的新型职业农民的培养迫在眉睫。

5. 培育新型职业农民是全面建成小康社会的重要保障

目前，农民增收渠道有限，面对风险的防御机制还不完善。培育新型职业农民既可以发挥他们的先锋示范作用，将技术和技能予以普遍推广，进而探索和扩大农民的增收渠道，实现全民奔小康的目标，也可以进一步推动乡村产业结构转型升级，推动城市劳动力向乡村回流，吸引农业人才

反向流动，最终实现劳动力的城乡统筹，缩小城乡差距，构建新时代乡村的新面貌。

二、加强乡村专业人才队伍建设

乡村专业人才是乡村振兴战略人才支撑体系中的骨干力量，具体可分为技能型、生产经营型、社会服务型三类，在促进农业生产经营方式转变、适度规模化发展、改造农民观念等方面发挥着重要作用，加强乡村专业人才队伍建设对推动乡村振兴具有重要意义。

（一）乡村专业人才

乡村专业人才是乡村人才队伍中的骨干力量，是乡村人才振兴的“活化剂”。人力资源和社会保障部指出，要积极引导人才向乡村基层一线流动，有力推动乡村专业人才队伍的形成和发展。根据相关文件对加强乡村专业人才队伍建设的指示，可将乡村专业人才概念解释为在乡镇（村）工作的各类事业单位中的专业技术人员、乡镇或村办企业及乡村非公有制经济中的管理与技术人员，在农业农村工作中表现突出的各类乡村实用人才，活跃于乡村与农民生活中的民间文体艺术类人才，等等。

乡村专业人才更强调乡村人才在某一行业领域内所体现的专业性、专门性，具有较低的功能替代性，能针对乡村经济社会发展的实际问题提供专业化的服务。其中，乡村实用人才与乡村专业人才具有紧密联系，是构成乡村专业人才的重要内容。乡村实用人才指具有一定知识和技能，为乡村经济、科技、教育、文化、卫生等各项事业发展提供服务、做出贡献，起到示范和带动作用的乡村劳动者。与乡村专业人才相比，乡村实用人才的主要特征是具有一定的知识或技能、能够起到模范带动作用及对本地农业和乡村经济发展做出贡献。可见，乡村实用人才更强调一种普遍性的实用性，对于乡村实用人才技能的专业化程度并不做硬性标准规定。同时，从更为深远的经济价值和社会意义来讲，乡村实用人才以其技术和管理经验带来的示范作用，带动广大农民更好地整合和利用政策优势，以自身的发展更好地带动乡村的全面协调可持续发展。

（二）乡村专业人才的类型

从创造领域不同的角度进行划分，乡村专业人才具体来说可分为技能型、生产经营型和社会服务型三种类型。

1. 技能型专业人才

技能型专业人才是指具备某一领域的知识专长，可以具有高度专业性的农业管理与经营技能，也可以是专门从事农业生产与经营的农业职业人才。技能型专业人才所涉范围较广，在现代化社会发展中，在城市中积累了一定的工作经验、获得了较高水平的生产经营、管理技术理念的返乡务工人员，从事乡村生产经营活动的高校农林相关专业的大学生，一批有能力的乡村工匠等，都属于这一类型。

2. 生产经营型专业人才

生产经营型专业人才是指以家庭生产经营为基本单元，充分依靠乡村社会化服务，开展规模化、集约化、专业化和组织化生产的新型生产经营主体。生产经营型专业人才主要包括专业大户、家庭农场主、专业合作社带头人、种植养殖加工人才、“田秀才”、“土专家”及农业企业经营者、经纪人等。

3. 社会服务型专业人才

社会服务型专业人才主要是指为了更好地促进农业生产与乡村社会发展，在农业活动组织中承担农业专业服务工作的人员。他们具有专业的知识与技能，具有为农业服务的职业精神，能够为农业生产与经营贡献力量，是现代农业社会发展不可缺失的力量，如农业信息员、机械化修理员、动植物科技员等。而在乡村教育、文化、卫生等社会事业领域中承担相关专业服务的工作人员，他们利用自身的专业力量为农民生活水平的提升做出了重要贡献，如乡村教师、非遗传承人、文化能人等。

（三）乡村专业人才的作用

在乡村振兴战略下，如何加强乡村人才的专业性、提升乡村人才的活力，是实施乡村振兴战略的重要命题。乡村专业人才的作用主要体现在以下几个方面：

1. 乡村专业人才促进乡村生产经营方式的转变

农业生产的现代化包括两个方面的内容，即农业生产工具的现代化和农业生产经营的现代化。改革开放以来，我国农业机械化水平大幅度提高，生产工具的现代化得到了直观体现，但是农业生产的经营方式和经营理念还有待转化和提升。要推动农业生产经营理念的革新，核心要素是人才。乡村专业人才的专业文化知识和专业技能能够有效地在一线劳动中改变落后的生产经营模式，真正实现对农业的改革和创新。

2. 乡村专业人才带动推进适度规模化发展

马克思主义唯物史观认为，人类社会发展的基本矛盾之一是生产力与生产关系的辩证关系。其中，生产力决定生产关系，生产关系反作用于生产力，生产关系只有适应生产力的发展，才能对生产力的发展起到推动作用。进入 21 世纪后，机械化的普及使我国农业生产力水平迅速提高，分散经营的效益已经被发挥到最大。如何在新的经济形势下变革生产关系，成为当前农业发展命题中的应有之义。

3. 乡村专业人才在实践中改造农民观念

与生产理念不同，生产工具是生产要素中易于被推广又能够得到直接检验的要素。因此，农民更多的是掌握机械设备的使用方法，并且在农业生产经营中发挥价值。乡村专业人才懂得产业经营和布局，对于工业化有着具体的了解，在实际参与中，乡村专业人才能够运用政策优势带动农民群众解放思想，逐步转变生产和经营观念。

4. 乡村专业人才架起桥梁促进城乡融合

城乡发展的链接桥梁之一是企业，而企业的创办者往往与乡村有着千丝万缕的联系。有的企业家出身于乡村，这些新乡贤成为乡村专业人才中的特殊人群。在乡村基础设施不完善、产业相对薄弱的形势下，乡村新乡贤带着乡愁关注乡村发展。他们的专业性往往体现在具有敏锐的市场观察力、丰富的投资创业经验和及时的市场信息调整能力上，通过在乡村投资建厂，带动农副产品深加工，促进乡村产业融合。在他们的沟通带动下，互通城乡要素市场，架起了城乡融合发展的桥梁。

（四）乡村振兴加强专业人才队伍建设的重要性

人才作为社会发展的第一资源，大力发展、培养、造就一批新时代乡村专业人才队伍贵在持之以恒、坚持不懈。

1. 加强乡村专业人才队伍建设是农业供给侧改革的重要内容

农业供给侧改革针对目前我国存在的劳动力、技术、土地等资源的配置不协调，突出解决农业产业结构升级与转化的问题，实现农业发展的最大效益。在适应农业科技化发展的前提下，农业企业、农业发展平台、农业种植大户等是推动我国未来农业现代化发展方向的核心力量。乡村专业人才具有先进的农业生产经营理念和持续自我发展的学习意识，能够利用其具有专业性、技术性、职业性的特征投入农业生产经营中，适应现代农业发展的需求，推动农产品及农业产业结构调整和农业供给侧的深化改革。

2. 加强乡村专业人才队伍建设是乡村新产业、新业态发展的需要

加强乡村专业人才建设既是推动农业供给侧结构性改革的重要内容，也是拓宽农民增收渠道、促进乡村可持续发展的必然要求。一方面，乡村一、二、三产业融合发展，利用“旅游＋”“生态＋”“休闲＋”等模式，推进农业与旅游、健康、文化、教育等产业深度融合，促进乡村新业态的发展，拓展农业产业价值链并实现增值。另一方面，利用现代信息技术的应用将大数据、云计算等科技与乡村生产经营紧密结合，促进了乡村连锁经营、电子商务和快递物流的多重模式的创新组合。而这些技术手段与传统农业的封闭性具有较大不同，要求乡村专业人才通过学习和使用信息技术，进而将科技价值覆盖农民群体，使广大的农民群众广泛地利用科技成果应对市场消费结构转化引发的新要求。

3. 乡村专业人才队伍是良好社会环境和舆论氛围形成的推动者

环境在人的成长与发展中起着潜移默化的作用。健康的舆论环境、良

好的政策环境和包容的社会环境可以为乡村人才建设提供强劲的推动力。在解放思想、实事求是的旗帜下进一步转变观念，转变作风，为乡村人才建设创设一个“尊重劳动、尊重知识、尊重人才、尊重创造”的氛围，能够有效地提升乡村精神文明建设，进而促进乡村的物质生产建设。反过来说，乡村专业人才具有专业的知识与技能、良好的社会道德风尚、自我提升的学习意识，在乡村人才的影响下，可以为塑造文明乡风发挥净化与推进作用。

第二节　职业教育服务乡村人才振兴的价值追求与功能定位

一、乡村振兴背景下职业教育培养“人”的价值追求

职业教育适应乡村人才振兴是两个独立组织的耦合。因此，职业教育的适应性是在遵循教育本身发展规律的同时，还必须结合乡村经济、文化、生态等因素，构建适应性的人才培养体系。所谓适应性，主要是指在明确乡村振兴对人才需求的基础上，适当制定人才培养目标，使职业教育的人才培养契合乡村振兴的人才规格。“人”是职业教育发展与乡村人才振兴的共同关键点，在论述职业教育如何更好地服务乡村人才振兴的前提下，有必要厘清职业教育中“人”的价值追求。

（一）职业教育要满足人力资本视角中“人”的工具性定位

人力资本理论从教育与社会两个角度探讨“人”的发展，提出教育和健康影响劳动生产率的高低，而劳动生产率又导致人的收入存在差异。现代人力资本理论关注了人力能量的大小，重视人力的异质性。人力资本理论对人的价值定位主要是从促进经济增长的角度进行分析，关注了人的工具性价值。

职业教育活动的核心围绕“人”展开，依据人的发展阶段性特征进行有差异的培养，同时还要根据不同时代的社会发展调整人才培养的规格。在不同的教育类型中，职业教育与社会经济发展的关系最密切。职业教育以技术技能型人才为培养目标，由此形成技能型人力资本。技能型人力资本在乡村振兴中发挥着重要功能，主要表现为满足乡村产业发展对人才的需求，促进乡村经济的发展。换言之，职业教育的根本目的是通过培养人、塑造人，从而直接使个体在生产一线创造价值，即职业教育要突出培养人的工具性价值。职业教育对乡村人才振兴的作用表现在两个方面：一是对乡村适龄教育对象而言，初中或高中毕业后接受职业教育，使很多学生通过职业教育圆了上学梦、大学梦，“职教一人，就业一人，脱贫一家”成为阻断贫困代际传递见效最快的方式，农村家庭脱贫为乡村振兴奠定了前提。二是对于农民工、下岗失业人员而言，职业教育与培训是他们获取生产生活所需知识与技能的重要途径，通过职业培训获得更好的就业机会，实现自己最大的人力资本价值，这为乡村人才振兴提供了可持续的动力。可以说，职业教育通过调整人力资本结构中人与经济社会的关系，实现了乡村劳动力和人才的经济价值。

（二）职业教育要调和乡村人才振兴中“人”的价值异化

职业教育服务乡村振兴主要通过提高人的素质、提升人的技能以满足乡村发展的需要来实现，即实现人的社会化和个性化，社会化和个性化本应是通过教育实现统一性的发展。个体有通过教育追求更美好生活的权利，一方面，职业教育需要积极关注个体的发展需求，对学生不管是“为农”还是“离农”提供教育上的支持；另一方面，职业教育更应注重立德树人的教育，使学生能够明大德，正确认识个人价值与社会价值之间的关系，从更高的站位统筹自身发展与社会需求的关系，将自身发展积极融入乡村振兴发展之中，通过高质量的职业教育实现个体的价值，提升个体觉悟。当然，通过建设美丽乡村，提升乡村软硬件条件，构建美丽乡村生态，使个体愿意通过职业教育掌握服务乡村服务技能，留在乡村、热爱乡村、发展乡村，也是职业教育发展必不可少的外部保障。

（三）职业教育要实现乡村振兴“人”的全面理性发展

乡村振兴战略的出发点和落脚点就是促进乡村居民的共同富裕，共同富裕不仅体现在物质层面，还应该体现在促进人的全面发展上。全面建成小康社会为实现乡村共同富裕、推动人的全面发展奠定了坚实基础，职业教育要体现时代要求，践行以人为本的全面发展理念，为促进乡村振兴、实现共同富裕作贡献。职业教育通过培养、提升乡村居民技能技术，帮助其发挥潜能，实现对美好生活的向往。实现人的全面发展离不开实践，职业教育是以实践为主要特征的教育类型，要实现乡村人才振兴和个体的全面发展，必须将职业教育的育人置于乡村振兴的社会实践之中，将课堂置于乡村田野，使学生在乡村实践中学习、检验、提高。

二、职业教育适应乡村人才振兴的路径

乡村人才振兴不仅要依靠产业经济发展带来的外驱动，更需要职业教育发展实现内引领。职业教育应立足自身在乡村人才振兴中的功能定位，以人才培养的价值追求为导向，主动变革，适应乡村振兴的需要，培育更多高水平乡村技能型人才。

（一）聚焦乡村不同群体的差异化需求

高质量的人力资本是实现乡村振兴的重要保障。乡村人才振兴的最终目的是提升农民的素质，使农民掌握促进经济发展的技能。但是，不同的乡村、不同的人口，其产业发展、资源禀赋、文化特性各有不同，对应的人力资本需求也各不相同。面对乡村不同类型的人力群体，要求职业教育打破同质化的专业结构、教育模式、培训方式，充分利用自身在当地的资源，精准聚焦所在区域的乡村人力资本实际，通过特色化的教育和培训提升乡村的人力资本水平，适应乡村人才培养需求。针对职业农民要从职业发展需求出发，提供符合职业发展规律的技能与技术培训，进行学历、非学历的提升，使其掌握如科学种植、田间管理、机械化农业操作等技能；

针对外出务工群体，提供社会改革发展中对技术技能工人的需求最新信息，通过短期培训与长期培训相结合，让他们充分了解行业形态，提升技能水平，更好地适应时代发展的新要求；针对返乡创业青年，开设乡村特色专业、特色培训，如休闲农业、农村电商、直播带货等，提升其创业能力与可持续发展；针对乡村初高中毕业生，以培“智”为主，通过打造涉农专业，使他们掌握先进农业知识、农业技术，提升他们的认知能力、技术技能与创新能力；针对乡村手工艺人，以培“质”为主，通过有效利用乡村文化优势，融入现代信息技术，接轨时代品位，使优质手工艺品走出乡村，创造更大社会和经济价值；针对村社干部，通过学历提升、党建和业务培训，打造乡村坚强战斗堡垒、基层治理“领头羊”。

（二）充分促进乡村人才高质量融合发展

职业教育为国家建设人力资源强国和人才强国提供了坚实支撑。职业教育培训为乡村发展培养了大批生产、管理、服务第一线的高技能应用型专门人才，进而提高了乡村居民的素质和生活质量。乡村居民与乡村社会是统一体，乡村社会的发展离不开乡村居民个体的发展；同样，乡村社会的高质量发展可以进一步促进乡村居民个体素质的提高。因此，乡村社会与乡村居民是职业教育的参与主体，更是受益主体，他们的发展在本质上是一致的，是同向的。乡村人才振兴的核心是人的发展，主要聚焦于乡村居民的个体发展。职业教育具有公益性和普惠性，是乡村居民实现个体发展的重要途径。职业教育的各主体要把人才培养质量提升作为共同意识，提升区域经济发展的内聚力。职业教育要培养发展型的乡村人才，职业教育教师队伍要具有较强的市场意识，及时获取现代化市场信息，通过扎实的专业知识和精湛的专业技能满足乡村规模化、专业化和标准化的生产要求。同时，针对乡村发展主体的多元化、生产领域的广泛性调整专业结构，满足乡村发展高度融合的产业体系，满足生产加工、经营管理、销售等多个环节对高质量人才的需求。职业教育还应该利用培训等契机为乡村居民提供认识专家、学者和同行的机会，提高乡村人才的人力资本积累，提高他们的眼界，改变他们的思维，发挥他们的带动作用，为乡村发展带来高附加值。

（三）深入推动乡村人才振兴的可持续均衡发展

乡村人才首先是应该是多向度、立体、全面、大写的“人”，是文化的人、能动的人，是全面发展的人。职业教育实现人的全面发展，必须扎根乡村生活，推动乡村社会的发展，使乡村居民的身体素质、心理素质、思想道德素质等都得到发展和完善，使每个人能够拥有自由选择的生活空间和发展方向。职业教育对乡村人才的培养不仅要着眼于技术技能的发展，更要关注乡村居民和乡村社会的可持续发展，助力人力资本的开发，做好人才的选拔、培育及后续的保障工作，让新生代人才成为乡村振兴的“主力军”。职业教育在人才培养上要向乡村倾斜，培育扎根乡村的“土专家”，还要结合乡村的内生动力，拓展人才的发展空间，为人才创造良性生态环境；同时，合理配置人才资源，实现其最大有效性，进一步提升人才供给的质量。职业教育要帮助乡村居民过上自足且自尊的生活，即使离开土地，内心也依旧对故土充满热爱和眷恋，让大批从乡村走出去的高技术技能人才带着那份乡土情怀奔回乡村，使乡村发展重获生机。职业教育作为一种教育类型，不仅要关注人的基本生存问题，更应关注更高层次的人的“存在”与发展问题，即乡村居民个体生活质量之提高、精神生活之丰富等。

第三节　职业教育服务乡村人才振兴的路径探析

一、乡村人才振兴的重要性

（一）乡村人才是乡村产业振兴的主导者

推动乡村振兴，离不开现代化的农业产业体系，而产业振兴又需要人才作为基础，没有人才，产业驱动无法实现。同时，产业兴旺又带来了人才的聚集，产业与人才互相影响、相互作用。因此，推动第一、二、三产业在乡村的融合发展，以产业整合促进农业、农村、农民有机融合，不断拓展乡村产业的链条和覆盖面，发展乡村新产业、新业态，推进农业现代化发展，均离不开人才的支撑，需要管理人才、技术人才、生产人才、经营人才等多类型人才的联动方能实现。总之，人才振兴是乡村产业振兴的人力资源保障，也是产业振兴可持续发展的基础。

（二）乡村人才是乡村文化振兴的组织者

中华文明与乡村、乡土文化息息相关，传统风俗文化根源于农耕文化或其衍生形态。推动乡村文化振兴，一方面需要加强乡村公共文化服务载体的建设力度，另一方面需要重视并推进传统风俗、文化传承、文明重塑，让中华优秀文化在乡村兴盛起来。总而言之，推动乡村文化振兴，不仅需要大量既有中华优秀传统文化素养又熟悉现代科学文化的人才振兴乡村文化，还需要以各类人才为工作对象，宣传、培育、弘扬社会主义核心价值观，为人才成长发展铸魂。

（三）乡村人才是乡村生态振兴的建设者

生态建设不仅是乡村振兴极为重要的组成内容，更是实现乡村振兴的重要抓手。推动乡村生态振兴，首先要加快农业转型升级，有效减少农业化学投入物的使用，实现农作物秸秆、畜禽粪污、乡村生活污水等资源化利用和农用薄膜回收利用，充分发挥农业特有的生态功能优势，让农业成为生态产品的重要供给者。推动生态振兴，离不开一批批深怀生态环保理念的人才的参与，通过他们改变乡村农民传统的生产、生活方式，以绿色发展为引领，推进农业农村绿色发展，加快农村人居环境整治，加强农村污水、垃圾等突出环境问题的综合治理，改善农村人居环境，补齐农村生态环境建设短板。

（四）乡村人才是乡村组织振兴的参与者

推动乡村组织振兴，一是做好乡村基层组织建设，凝聚基层号召力，形成群众影响力，以健全乡村治理体系，提高乡村治理能力，确保广大农民安居乐业、农村社会安定有序；二是加强农村基层组织和队伍建设，加大从本土致富骨干、创业人才、工匠人才、返乡大学生中选拔农村组织带头人的力度，加强农村干部队伍建设；三是培育更多村民自治组织，进一步完善村民自治制度，规范民主选举程序。因此，乡村基层组织的发展离不开人才的支持，人才对乡村组织的发展和壮大发挥着积极的促进作用。

二、职业教育服务乡村人才振兴的路径

（一）做好乡村人才振兴的顶层设计

1. 打造多方协同育人平台

凝聚多元主体的力量参与乡村人才振兴事业，探索形成“政府引导＋乡村参与＋企业支持＋职校主导”的多样化乡村人才培育平台。一是涉农企业或社会企业积极与职校合作，实现资源的互通。二是企业以市场化需求指导职校培养课程体系建设，实现人才培养与产业发展相适应。三是人才培养所需的部分资金由政府通过政策或补贴方式给予职校和企业，引导更多社会力量参与乡村人才培养，实现乡村人才培养的可持续发展闭环。

2. 建立职业教育整体性培养策略

职业教育针对乡村人才的培养不是碎片化、暂时性的，要确立乡村人才培养的一体化思维。一是将乡村人才作为职业教育学生群体的重要培养目标，明确其入学条件、流程及标准，建立常规化的培养和管理机制。二是在职业学校的专业选择和课程设置上，为乡村人才提供充分、多样化的选择，帮助乡村人才向综合性方向发展。三是在重视乡村人才职业技能提升的同时，也应重视人文思想建设，培养乡村人才重视乡村民主意识、文明乡风及其管理能力的发展。

3. 加快中高职一体化建设

完善现代职业教育体系框架，提升职业教育的质量。一是职校在乡村人才培养的专业设置、课程内容及教学方式上，做好顶层设计工作，探索开展多种形式的培养对接。二是课程内容的设置避免重复，如参与乡村振

兴的中职与高职课程内容要有一定的差异性和连续性，保证培训内容的递进性和层次性。三是在教学方式上，中高职学校要结合自身特色，合理开展理论和技能教学，根据教学实际采用教与学互促的方式方法。

4. 畅通职业教育与普通教育的衔接

在乡村发展和乡村人才结构转型升级的现实下，乡村人才继续深造的意愿越来越强烈，所以需要为人才教育晋升提供通道，通过建立职业教育与普通教育的双向互认体系，为乡村人才培养建设更加完善的教育框架。例如，只要乡村人才完成规定学时并取得相应学分，通过考核后就可发放相应证书，并且按规定进行学习成果的积累与转换。

（二）构建乡村人才的综合教育体系

1. 加强农民群体职业能力培训

推动乡村振兴需要依托人才推动产业，推动农村生产力的发展。一方面，发挥乡村农民的主体性，主体行动的意愿和能力是制约改革效率的重要因素，乡村社会经济发展的可持续性必然来自内生动力的形成，而农民则是乡村内生动力的主要成分。因此，通过专业机构为乡村农民提供技能培训，如种植、养殖、畜牧、电商、合作社管理等多职业技能培训，帮助农民增产增收。另一方面，针对农业现代化、数字化、规模化发展趋势，帮助农民对接相关高校、职校，引进人才和技术，对接相关涉农科技企业，形成“政府＋中高院校＋科技企业”的新农人联合培养模式，为乡村产业发展提供人才支撑。

2. 完善乡村人才教育内容

一是改变传统乡村人才培养的内容框架，从过多关注农业技术转向内容全面的培训体系，需要地方乡村振兴局积极与高校、职校加强合作，同时也需要政府改变以往的支持思路，在制定乡村人才振兴政策时，能够更加全面地考虑乡村整体的发展，不仅重视技能的提升，还应重视价值观、理念、发展观的培育。二是完善乡村人才教育内容体系，将本土职校资源与外地高校资源有机结合，通过线上线下方式加强对乡村人才的培养，以及提供围绕乡村产业、生态、文化、治理的专题培训，推动乡村人才与专业教育资源的互动交流。通过培训体系建设，既能够切实提高乡村人才综合能力，又能够在培训过程中发现乡村的迫切需求和现存问题，并且协助乡村提升解决问题的能力。

3. 加大新型职业农民培育力度

在乡村振兴中，以新型职业农民为代表的农村实用人才发挥着非常重要的作用，所以需从四个方面加强对以新型职业农民为代表的农村实用人才的培养。一是继续加大对新型职业农民的培育，在乡村振兴过程中围绕产业兴旺的具体要求，加大对新型职业农民的产业发展实用技术的培训，尝试采用线上和线下两种模式使他们掌握更多的实用技术。二是发挥农民专业合作社、家庭农场、各类农村协会的示范作用，通过村庄内部自治组织参与新型职业农民的培育，让农业新型经营主体成为新型职业农民培育的有效力量和重要载体。三是在新型职业农民培育过程中尝试采用积分制的形式，按照不同的积分在农业产业发展方面给予他们相应的优惠，进而提高职业农民参与农业产业发展的积极性。四是在乡村振兴中充分发挥新型职业农民的辐射带动作用，建立新型职业农民协会，吸纳更多的农民加入，使其转型成为新型职业农民。

4. 推进基础教育和职业技能培训

乡村人才振兴不仅需要引进外来人才，还应大力推进农村地区的教育培训工作，提升农村人口素质。一是全面普及农村地区的基础教育，保证村村都有学校，保证学校的师资配备及设施齐全。二是加强农民职业教育，在农村地区广泛宣传职业农民教育，使村民了解职业农民，也了解村民的学习意愿和潜在的培训对象。三是乡村企业或合作社派遣骨干人才赴先进地区学习技术技能，回乡开设相应培训课程，进行分类精准培训，既有针对农业生产的专业技能型农民的培训，也有针对农产品销售的服务型农民及依托农业现代化的创新创业型农民的培训。四是在培训课程内容和教学方法上着重针对农村人才培训的特点，运用农村人才培养可接受、可操作的方式推进课程的开展。

（三）探索乡村职业教育定向培训模式

1. 探索面向乡村发展的定向人才培训模式

积极构建乡村内生人才培育共同体，着力做好“政府＋学校＋行业＋企业”多方参与的乡村人才培训平台。一是建立健全乡村人才培训平台的协同运行机制，教育、民政、乡村振兴局等加强政策和资金支持，做好本地区乡村人才需求计划、协助招生、落实补贴等工作。二是鼓励职业院校与相关企业参与定向培训、校企联合培养、提供教学物资和设备等工作；以税收减免方式充分调动企业参与乡村人才培养的积极性，鼓励企业参与乡村人才培育全过程。三是健全相关参与方的沟通机制，将乡村人才、政府、企业、职业学校等纳入统一沟通平台，畅通信息沟通和利益表达，实现乡村人才培育相关主体的信息共享。

2. 建立分层级的定向培训框架

为促进职业教育能够与乡村人才定向培训精准匹配，需要建立以面向乡村人才振兴为目标的定向招生机制。一是建立一种以乡村振兴为目标的定向招生机制，主要面向促进乡村产业、生态、文化、组织等方面发展的人才精准培训，与地方政府、学校、行业、企业等多方签订乡村人才培养战略协议，定向培训乡村地区急需的本土化专业型人才。二是基于乡村地区产业发展趋势及需求，相关企业和职业学校联合制订人才培养及培训方案，确保乡村人才培训内容符合市场及产业发展需求，也符合人才成长规律，能够为乡村振兴提供所需的人力支撑。三是根据乡村振兴所需人才能力要求确定定向培训技能，在培训教学过程中以乡村振兴为核心，在传授专业知识的同时，重视实践教学，采取实训与理论相结合的教学方式，提高培训教学内容的指向性、针对性。

3. 构建乡村人才模块化课程体系

针对乡村本土人才在思想观念、文化知识、专业技术等方面匮乏的现状，从满足当地产业及企业的人才发展需求出发，在构建模块课程体系方面，明确乡村人才培训的知识、技能、素养要求。一是加强对乡村人才新时代中国特色社会主义核心价值观的培养，开设心育建设、党建建设、社会主义核心价值观、科学致富观等观念引导课程，激发本土人才参与乡村振兴的意愿和动力。二是开设通识和专业理论课程，包括从业知识、职业素养、安全教育、企业管理、团队建设等课程，补齐乡村人才创新创业的短板。三是对接乡村产业需求和涉农企业岗位知识技能培训，制订围绕乡村人才能力发展的阶梯性课程计划，探索一体化教学及职业学校与相关企业分工协作、共同授课的教学模式，保证教学内容有针对性、学生能力提升有时效性。

总之，人才兴则产业兴，产业兴则乡村兴。乡村振兴战略的实行、农业现代化的推进、乡村文化和文明的发展等都需要职业教育参与乡村人才振兴事业。在乡村推进职业教育的发展是孕育人才、提高农民素质的保障，而乡村人才的振兴又将推进乡村全面振兴。因此，需要充分认识职业教育与乡村人才振兴的辩证关系，通过职业教育参与乡村人才振兴，繁荣乡土文明，在城乡融合过程中重塑乡土文化，带动乡村自然生态环境的恢复和建设，实现城乡共同富裕。

第四节　高等职业教育服务型人才专创融合培养路径

一、乡村振兴视角下高等职业教育服务型人才专创融合培养的价值

（一）经济价值

电商直播带货作为新媒体、新业态的代表，为乡村经济发展提供了新思路、新出路，为推动复工复产、助力脱贫攻坚贡献了巨大力量，有利于在促进消费、增加就业、产业升级和乡村振兴等方面持续创造经济、社会效益。公共服务人才，特别是物流、电子商务人才对于提升县域经济非常

重要。通过对此类人才的专创融合培养，能事半功倍地提高其在县域创新创业的成功率，从而促进县域经济的发展。同时，乡村也是开展围绕“学科教育、科研探索、文化保护”等研学活动的重要阵地，发展这些服务产业更离不开旅游专业人才，而通过专创融合培养能为乡村输送专业旅游服务人才。

（二）社会价值

近年来，随着高职院校扩招和生源类型的变化，高等职业教育院校中农村生源所占比例越来越高，农村生源成为高职院校学生的主要来源。高等职业教育院校采用专创融合的培养方式，能更好地服务于新农业人才的培养并改善农村学生的就业观念。

（三）文化价值

随着城镇化的浪潮，越来越多的农村人口涌入城镇，农民的乡愁越来越少，如何留住乡村的文化、如何通过乡村文化留住乡愁吸引农民回流乡村并吸引市民下乡，从而将乡村变为“望得见山、看得见水、记得住乡愁”的美丽乡村，就成了乡村振兴的重要内容。服务型人才在这里发挥了重要的作用，通过专创融合的培养，可以培养新文科人才，服务乡村文化教育、文创设计与开发、非物质文化遗产传承与保护等，将乡村文化瑰宝转化为创新、创业资源。

二、乡村振兴视角下高等职业教育服务型人才专创融合培养的路径

（一）政府强化行政驱动路径

首先，政府要加大对乡村振兴及专创融合的资金扶持力度，加强监督，防止出现重审核、轻监督的情况。特别是在科研项目领域，向乡村振兴项目倾斜并做好监督工作，以保证专款专用。其次，完善立法。根据现实情况和未来发展趋势，可以进一步完善相关法律法规，使其符合时代要求，回应社会期待。最后，牵头搭建专业平台，使乡村及县域能够直接与相关高职院校进行交流，方便院校及时调整专创融合方案以助力乡村振兴，也

方便高职院校挖掘乡村及县域的创新创业潜力，创新专创融合方法。

（二）高职院校激发内生动力路径

首先，均衡服务型及理科型人才培养力度，挖掘创新服务型人才培养模式，提高跨专业合作力度，从而实现不同专业间均衡的创新创业培养，提升教师专创融合教学能力。其次，加强思政教育，挖掘本地及乡村特色，引导学生将就业目标、创新创业兴趣从城市转向农村，从而激发学生服务乡村的动力。再次，充实师资力量，创新师资构成。一方面，通过引进企业师资，增加双师型教师数量，以项目为抓手，加强校内教师与企业教师间的合作，有助于双向提升师资能力；另一方面，与乡村创新创业人士取得合作，使他们成为宣传乡村振兴成果、拓宽面向乡村专创融合视野的排头兵。最后，根据乡村振兴具体需求，活用高校资源，鼓励以学院、专业特色共同打造可供落地实施的面向乡村振兴的创新创业项目，在项目中探索专创融合培养模式。此外，在专创融合培养体系中有机嵌入乡村振兴相关内容，通过项目使学生将视野转向乡村，从中发现与自己专业相契合的创新创业机会，增强学生专业学习的目标，并且引导学生选择服务乡村振兴的就业方向。

（三）完善高职院校市场化合作机制路径

首先，加深校企合作与产教融合。特别是挖掘农业农村产业链与人才培养相结合的关键点，让专创融合不仅能回应城市市场需求，更能回应乡村市场需求。其次，提高市场预测能力。高职院校要与行业和市场专家建立长效沟通机制，预测市场发展前景，特别是服务型行业的发展趋势，及时调整专业及培养模式，满足市场需求，从而使学生“专业有技能，创新有市场，创业有潜力”。

（四）改变高职院校服务型人才观念、意识路径

首先，服务型人才自身需要端正态度，应多参加乡村、企业的实践活动并从中汲取感性认知，全面认知自身专业现状、感知乡村发展潜力，从而提高自身投身乡村振兴的原动力；其次，在日常生活中，有意识地培养

自己挖掘创新创业机会的能力，多与专业教师交流，分析创新创业点与自己专业的契合度，也可以从自己专业的角度出发，分析创新创业的可能性；最后，应该积极参加各种创新创业大赛，特别是近年新增的“互联网＋”创新创业大赛“红旅”赛道，以提高自己的创新创业能力，为未来创新创业实战打下坚实的基础。

第五章　乡村振兴背景下农村职业教育发展政策的创新

第一节　我国农村职业教育发展政策的特征

农村职业教育对发展现代农业、加快农村劳动力转移、繁荣农村经济具有重要的现实意义和长远的战略意义。只有大力发展教育，尤其是农村职业教育，完善农村教育体系，才能从根本上解决好目前面临的问题，实现可持续发展。随着我国经济社会的不断发展，农村职业教育发展政策也在不断调整和演变。

一、21世纪以来农村职业教育政策重点的转变

从“新型农民”到“职业农民”，再到“新型职业农民”“新农人”概念表述的变化，可以看出新型职业农民的概念具有时代特征，显现农村社会经济发展对农民素质要求的不断提升。“新型农民”“职业农民”“新型职业农民”“新农人”是一脉相承的，新型职业农民既不同于传统农民，也不同于兼业农民，其是新型农民与职业农民的有机结合，是城乡一体化发展对农民职业化的要求。在城乡二元经济结构下，农民是身份的象征，而城乡一体化发展要求农民职业化。随着互联网在农村的不断普及和农业现代化发展，农业已经从传统的一产发展为集一、二、三产为一体的产业，这

就要求农民具有较高的科学文化素质。随着现代农业对农民需求层次的提升，农民的来源也从农村户籍人员拓展到城乡劳动者，实现城乡劳动力双向流动。因此，新型职业农民是一个动态发展的概念，展现随着农业科技的不断发展对从业人员需求层次不断提高的过程。

振兴乡村，关键靠人才。因此，培育新型职业农民，一方面可将留在农村的青壮年劳动力、农村妇女等培养成新型职业农民，另一方面需要将农村户籍的大中专毕业生、返乡农民工、有志从农的城镇居民等有知识、有技能的高素质人才吸引到农村，这都离不开政府政策的支持。

二、21 世纪以来乡村振兴人才培育政策的特点

随着我国社会经济的高速发展，农村的经济基础有了一定的改变，具有一定的再生能力。国家对农村的支持政策也有所调整，由过去的单纯外部援助转向外部援助与内部创生相结合，在不断创新政策运行机制的过程中，进一步完善农村教育体系，并且在不断提高农村义务教育质量的同时，农村的职业教育、成人教育都得到了不断加强，“三教统筹”水平提高，“农科教结合”效益明显。此外，重视农村人力资源的开发，农村实用人才培训工程、农村劳动力转移培训工程、新农村建设等的实施大大提高了农村劳动力素质，农民、农村、农业自身发展能力不断增强，内生动力不断提高。

通过对 21 世纪以来国家、省、市各个层面乡村振兴人才培育政策文件的整理与归纳发现，我国支持乡村振兴人才培育的政策主要围绕人、财、物持续发力，以工程、项目、计划、经费保障等方式推进城乡教育协调发展，重视教育均衡发展，积极构建新的农村教育治理方式。尤其支持和注意引导高素质年轻人才回乡创业，而返乡创业政策促使新型职业农民为农村经济发展带来活力，为新农村建设和现代农业发展提供了人才支撑。他们将现代科技、生产方式和经营模式引入农业，他们的加入可以优化农业从业者结构，加快乡村振兴人才建设。

第二节 我国农村职业教育发展政策的评析

教育政策的制定涉及很多因素，并非所有的教育问题都会转化为教育政策。21世纪以来，我国支持乡村振兴人才培育的政策制定注重非跳跃性和连续性，选择重大问题，在一定时期适时制定新的教育政策，由点到面，逐步解决农村教育的诸多问题，确立“循序渐进”的国家教育政策发展模式，取得了显著效果。为了振兴乡村，各级政府出台了许多乡村振兴人才培育的相关政策，吸引城镇居民、农民工、大学生向农村回流，培育一支留得住、用得上的新型职业农民队伍，引领农村的发展。培育新型职业农民离不开教育，尤其是农村职业教育，通过对21世纪以来乡村振兴人才政策的梳理可以了解新型职业农民培育的政策沿革，发现政策对新型职业农民培育的积极作用和存在的漏洞，以期有针对性地提出建议，更好地服务于乡村振兴人才培育工作。

一、乡村振兴人才培育政策的积极效应

大力培育新型职业农民、全面建立职业农民制度是实施乡村振兴战略的重要举措，是城乡之间人才要素双向畅通流动的制度性安排，也是农村基本经营制度的补充和完善，有利于培养和造就更多的乡村人才，吸引、留下和储备更多高素质劳动者投身农业，破解乡村振兴面临的人才制约问题。各级各类扶持乡村振兴人才的政策在实施中取得显著效果离不开各级政府的政策安排，具体而言，乡村振兴人才培育政策的积极效应体现在多个方面，这里主要就相关政策促进新型职业农民培育和返乡创业农民工培训等方面进行阐述。

(一) 新型职业农民培育的政策效应全面显现

1. 新型职业农民培育受到广泛重视

新型职业农民培育工作是关乎“四化同步”发展能否实现的系统工程，各级政府做好顶层设计，有利于从整体上把握新型职业农民培育的制度和政策创新，提高政策的针对性和有效性。

随着新型职业农民培育工作的不断开展，各地政府也纷纷扩大培育规模，将为现代农业发展培育大批新型职业农民作为一项重要任务来落实。正是由于各级政府连续的、具有层次的、各部门之间相互合作协调的政策出台，才为新型职业农民培育规模的不断扩大提供了有效保障。

2. 新型职业农民培育经费持续增长

一方面，国家财政投入的新型职业农民培育的直接经费，即直接用于农民培训的经费持续增长；另一方面，国家财政在涉农专业免学费政策、农民助学金政策、农民培训补贴政策等多方面的间接补贴经费也在持续大幅增长。正是由于各式各样新型职业农民培育经费规定的出台，才使新型职业农民的培育工作成为可能。可以说，培训经费持续增长的相关政策保障为新型职业农民培育工作的有效开展奠定了坚实的基础，提供了前进的动力。

3. 新型职业农民培育的制度环境不断完善

“新型职业农民”被提出以来，为了能顺利培育一大批新型职业农民，各级政府高度重视，不断完善新型职业农民培育的制度环境。农民教育培训工作围绕高水平推进乡村振兴人才队伍建设，以培养农村实用人才为重点，按照“分层分类、融入产业、强化培育、以用为本、规范管理、提质增效”的原则，整合培训资源，规范培训管理，创新培训模式，提高资金效益，推进培训品牌建设、跟踪服务和线上培育，打造农民教育培训精品工程，为高水平推进乡村振兴提供人才支撑。

4. 基于新型职业农民培育的职业教育培训工作全面展开

农民教育培训工作紧紧围绕促进产业兴旺目标任务，坚持面向产业、融入产业、服务产业，全面优化农业生产发展资金效益，就地培养和吸引提升并重，不断发展和壮大适应现代农业需求的高素质农民队伍，促进高素质农民在挖掘产业特色、推进产业融合、强化主体协作、运用先进农业科技等方面发挥辐射带动作用，支持各地按照乡村振兴战略要求及振兴乡村产业需要着力强化三方面的人才支撑。这些政策的出台不仅凸显了新型职业农民培育的公益性属性，而且有效地整合了农业教育培训资源，促进了基于新型职业农民培育的职业教育培训工作的全面开展。

（二）农民工返乡创业有效推进

1. 农民工返乡创业规模不断扩大

随着农民工返乡创业扶持政策的实施和各地具体措施的出台，越来越多的农民工开始关注返乡创业，希望能够借着政策利好回到家乡干一番事业。农民工返乡创业规模的扩大可以弥补农村有效劳动力的不足，壮大新型职业农民队伍。

2. 农民工返乡创业环境不断改善

进入 21 世纪，返乡创业的农民工数量增长速度加快，这一现象的出现很大一部分原因是农村创业环境的不断改善，吸引高素质农民工返乡创业，提升了新型职业农民的质量。一方面，各地政府纷纷制订新型职业农民培育规划，出台美丽乡村建设的具体可操作措施，农村基础环境得到很大改善。另一方面，各级政府的支农惠农政策的实施使城乡统筹发展速度加快，农村经济呈现更快更好的发展态势，为劳动力回流提供了吸纳空间，激励农民工返乡创业的积极性。

3. 农民工返乡创业带动就业效应日益凸显

随着各级政府支农惠农优惠政策的实施与完善，农村环境不断改善，吸引了一大批有知识、有技术、有经验的青壮年农民工返乡创办家庭农场、农业企业和合作社等新型农业经营主体。这不仅为乡村振兴计划的实施提供了人才保障，还带动一大批农民就业，提升了农民的整体人力资本水平，实现了脱贫致富，并且解决了因农村青壮年劳动力外流而产生的“三留守”

问题，打破了城乡分割的局面，实现了城乡的有效互动。农民工带着多年打工积累的资金、技术和人脉回乡创业，创造大量的就业岗位，带动乡亲就业增收、脱贫致富，促进家乡经济发展和产业结构的升级。

随着返乡创业农民工数量的增多，新型职业农民结构得到优化，而且越来越多的返乡创业农民工意识到抱团合作的重要性。他们通过信息共享，积极运用新的理念、新技术和新的装备创办新型农业经营主体，主动对接小农户，带动农民脱贫致富。

4. 农民工返乡创业领域不断融合

随着农村电商的不断完善和农村一、二、三产的融合发展，新产业、新业态、新模式不断涌现，新型职业农民不仅包括生产经营型、专业技能型和社会服务型三类，每一类还都有低、中、高不同层次之分，即便是同一类，也包括许多不同的职业，如生产经营型包括种植养殖大户、家庭农场主、农业企业带头人、农业合作社理事长等。因此，支农惠农政策的不断落实使农村基础设施不断优化、农民规模化经营程度不断提高、农业经营纯收入不断提高，农业必将成为农民工返乡创业最有潜力的领域。

返乡创业农民工可以充分利用乡村有利条件进行规模化种植养殖或创办集生产、加工、经营、销售为一体的农业一、二、三产融合发展的中小微企业和乡村旅游度假酒店、农家乐、民宿等。

第三节　乡村振兴人才培育政策的变革取向

21世纪以来，我国农村的发展得到国家前所未有的重视，农村社会经济发生了翻天覆地的变化，城乡一体化、城乡教育统筹大力推进，这都源于政策的驱动，受到政策的指引。城乡教育统筹发展不断取得新的进展，彰显着乡村振兴人才培育政策的功效和作用。21世纪农村职业教育的主要任务是通过培养乡村振兴人才，即新型农民促进新农村建设，但是乡村振兴人才培育也遇到了诸多困惑与问题，这也与政策息息相关。政策研究对于全面了解和指导人才培育工作具有重大意义，为了进一步缩小城乡差距，推进城乡教育的统筹发展，需要进一步深化教育政策及相关政策的改革，促进政策的良好运行。深入推进城乡一体化发展和城乡教育统筹发展是现阶段乃至未来较长时期内我国教育改革和发展的重要内容和任务。

一、明确职能，强化政策与制度建设

（一）出台具有针对性的法规和政策

政府尤其是中央和省级政府，在新型职业农民培育中居于顶层设计的主导地位，要有效推动新型职业农民培育工程的实施，必须建立相应的制度与政策，这是解决新型职业农民培育中制度顽症及政策失灵问题的关键。就新型职业农民的职业教育培训而言，需要制定和创新许多相关政策和制度，如涉农企业校企合作制度、贫困农村地区农民职业教育培训援助制度、后继农民培育制度、新型职业农民认定制度等。国内外培育职业农民的实践表明，健全的、具有执行力的法规是保障农民职业教育培训卓有成效开展的重要基础。通过完善法规，可以建立新型职业农民培育的财政引导机制、各利益主体及社会公益组织主动参与职业农民培育的动力机制和激励机制、规范和提升职业农民培育效能的制约机制，以及形成多层次、多形式、多元化的培育新型职业农民的社会服务体系。

返乡创业农民工相对于留守农民具有自身的优势，结合返乡创业农民工的兴趣和擅长领域，加强教育培训的针对性、实用性和有效性，将其培育成新型职业农民成为当地现代农业的带头人，是乡村振兴计划顺利实施的重要举措。因此，政府作为政策的制定者，需要考虑返乡创业农民工的主体需求，在用地、资金、培训等方面体现差异化帮扶，出台具有靶向性的政策。首先，返乡创业的农民工年龄集中在20—45岁，青壮年农民工作为返乡创业农民工的主体，其创业意愿强，需要政府在制定创业政策时充分考虑这部分群体的特征。其次，返乡创业农民工因自身禀赋、社会资本、风险态度、所创企业类型和经营状况不同，对创业扶持政策的需求也体现了多元性，其中对创业技能培训、创业项目支持和创业用地优惠等的需求最为迫切，这就需要各级政府根据返乡创业农民工的实际需求，因地制宜、因时制宜地为他们提供最急需的、操作性强的配套扶持政策，通过政策扶持和项目支持农业现代化建设，吸引更多的返乡创业农民工加入新型职业农民队伍，真正实现农民职业化，使其成为名副其实的农业金领阶层。

（二）建立乡村振兴人才培育制度

1. 建立新型职业农民准入和认定制度

从事现代农业生产，与其他许多职业一样，要求从业者具备技术性强、社会责任大的特点；与此同时，经营现代农业越来越需要人们拥有绿色环保、生态经营、安全等现代生产理念，这些都意味着现代农业生产必须由新型职业农民来进行。实施职业农民准入制度，既有利于提高人们对农民职业意义的认识，提高新型职业农民群体的社会地位，又有利于推进现代化农业的发展，从根本上解决农业后继者的培育问题，还有利于为国家对农业实施精准扶持和管理提供依据。

2. 建立各级各类农民职业教育培训评价制度

建立职业农民职业教育培训评价制度，既是保证培训质量的需要，也是对职业教育培训市场进行有效规范与监控的需要。建立科学的农民职业教育培训评价制度，一是建立一套科学的农民职业教育培训质量评价指标体系；二是既要重视对培训结果的评价，更要注重对培训过程的评价，更多地通过来自受训者满意程度等外部评价来综合衡量培训绩效；三是建立参与新型职业农民职业教育培训的市场准入规则。这是确保培训质量、提高培训效能的基础工作和前提。

3. 建立农民和农民工培训成本补偿制度

各级政府经常组织开展各种类型的针对新型职业农民培育的农村职业教育培训，甚至用大力气积极推动有关培训工程的实施。要解除农民、返乡农民工参加职业教育培训的后顾之忧，有必要建立相应的培训成本补偿制度，即对于农民或返乡农民工参加培训，各级政府必须给予相应的经济补偿，政府应有专项经费预算。

4. 建立新型职业农民培训公益反哺制度

我国目前已经具备工业反哺农业、城市支持农村的条件和环境，所以国家或各级政府应该通过财政转移支付等多种方式对参加新型职业农民培训的各类人员进行“反哺”和“支持”。特别是实现“四化同步”发展，促进城乡一体化，既是我国的一项发展战略，也是一项具有伟大公益性的事业。因此，通过财政对农民、返乡农民工进行新型职业农民培训的公益投入是必要的，也体现了工业对农业、城市对农村的反哺。这种反哺目前已经启动，初见成效，但从未来新型职业农民培育、返乡农民工创业的实现来看，一方面需要加大财政反哺的力度，另一方面要将反哺的重点放在新型职业农民培育、返乡农民工创业培训上，这是我国政府顶层设计中需要考虑的内容。

二、积极宣导，营造乡村振兴人才的成长环境

（一）通过政策宣传提高社会对职业农民的认识

培育千千万万现代农业发展所需要的新型职业农民，必须通过各种路径做好舆论宣传工作，使人们逐步认识到农民是一种职业，而且是大有可为的职业；通过宣传及制度化的规定等，促进企业不仅积极投资现代农业发展，而且主动参与新型职业农民的培育；通过宣传，让更多的社会公益组织或个人参与新型职业农民的职业教育培训。

（二）通过政策宣传提高农民对政策的知晓度

农民工返乡创业不仅能够解决城市就业难问题，而且为农村经济发展注入了强大动力，能够解决农村闲置劳动力的就业问题，并且有助于国家精准扶贫工作的有效推进。因此，加强农民工返乡创业和新型职业农民培育工作的政策宣传，引导农民工树立创业意识，能够积极返乡创业，壮大新型职业农民队伍是实施乡村振兴计划的重要举措。

借助各种媒体多渠道、多途径、多层次地对农民工返乡创业援助政策进行宣传，营造良好氛围的同时提高返乡农民工对政策的知晓度，改变其就业观念，认识创业，从而提高他们的创业信心和创业积极性。一是向全社会宣传农民工返乡创业对新农村建设、农业现代化发展、农民增收、乡村振兴、缩小城乡和区域差距的重要作用，改变社会对农民工返乡创业的传统歧视，引导全社会尊重、重视和支持农民工返乡创业。二是通过广泛舆论宣传、树立创业典型并予以表彰和奖励，改变农村“小富即安”的传统观念，形成返乡创业示范效应，唤起农民工的创业激情和创业动机，培育农民工返乡创业文化，营造“想创业、敢创业、会创业”的良好社会氛围。三是大力宣传和解读农民工返乡创业扶持政策及地区产业政策、产业发展方向、可能的商机和各种创业信息，使广大有创业意愿和动机的返乡农民工充分了解、理解和善于利用各项优惠政策，明确创业方向，降低创业成本。通过政府和社会观念的转变，营造积极的创业氛围，强化返乡农民工创业动机，释放其创业能力，放大政策效应，形成良好的互动局面，有效加快返乡创业农民工培育新型职业农民的进程。

（三）通过政策宣传提升职业农民的吸引力

政策既具有制约、规范作用，更具有导向、激励作用。要从根本上调动人尤其是青年人、返乡务工人员，甚至大学生愿意务农，提高新型职业农民经营现代农业的积极性，一方面需要国家和各级地方政府给予积极有力的法律援助和政策支持。这些政策主要包括积极的财政支持政策及有力的土地经营、税收减免和职业教育培训免费政策等；另一方面要通过积极的政策宣讲，引领农民利用国家政策积极创业，激励农民在新农村搞建设，在现代农业发展上成就事业，形成立志务农、乐于务农的精神状态和良好的心理境界。

（四）通过宣传典型增强职业农民的获得感

通过对取得成就的职业农民典型案例的宣传等，使更多有志于成为职业农民的人坚定信心，相信自己作为职业农民同样会有这种获得感，包括经济收益的提高，能够使人们清晰地看到务农不比务工收益低，务农者同样能够成为获取高收益的老板。此外，获得感还包括自身社会地位的明显提升和事业获得发展的成就感。

三、强化监督，确保政策的有效执行

目前，我国的农业供给侧改革正处于转型与提质阶段，各级政府要高度重视政策的改革、衔接、落实及相关政策的配套等。乡村振兴、农业现代化的发展、新农村建设关键要靠农民，规范农村土地流转、加大农业金融支持、加强涉农创业培训等政策的执行力度，各级相关部门统筹兼顾、协调配合、保障政策有效落实，构建政策叠加的最大红利，是保障乡村振兴人才培育工作的有效途径。各类扶持政策落实力度不一，有些政策容易落实，落实力度大，有些政策落实难度大，如金融政策、用地政策和创业培训政策，落实力度就小。因此，各级政府首先要强化政策的执行，加强监督、追踪与审查，确保各项优惠政策落实到位。例如，针对返乡创业农民工融资难的问题，各级政府可以通过大力发展适合农村和中小企业信贷需求的金融组织机构和融资平台，简化贷款手续，开发小额信贷产品、创新企业融资模式和担保服务模式，为返乡创业农民工提供资金支持；针对返乡创业农民工用地难问题，各级政府可以通过鼓励创业落户、取消户籍限制和扩大城镇医保覆盖范围等方式吸引农民工到小城镇创业，积极探索农村建设用地合法流转机制，鼓励土地向有资金、有技术、会管理的返乡创业农民工流转。其次，要建立监督、检查、管理机制。为了确保各级政府能够落实好相关政策，要建立监督检查机制，使农村职业教育或其他学校涉农专业软硬件条件和生均经费都能达到国家规定的标准，同时对于各项经费的使用也要监管到位。针对地区政策不平衡的现象，可以鼓励各地制定差异化政策。例如，就返乡农民工创业而言，劳务输出大省返乡创业农民工是新型职业农民的最主要来源，应该制定针对返乡农民工涉农创业的具体可操作政策；而东部沿海地区经济发达，很少有农民工，可以制定更具操作性的新型职业农民扶持资助和教育培训相关政策，促进新型职业农民的发展。随着计算机网络、数据库技术在教育培训管理中的广泛渗透与普遍应用，农民教育培训工作可以逐步从课堂向网络教学培训转变，新型职业农民可以利用互联网进行咨询、报名、交费、选课、查询、学籍（历）管理、作业与考试管理等。这迫切需要通过建立网络教育培训质量监管、评价体系，从理论、技术、能力等维度，通过多种形式检测、评估教育培训质量。因此，政府一方面要加强网络教育培训过程的监管，建立网络评价系统，这有助于在各培训主体中形成竞争，督促培训主体提高培训质量，从而提升农民教育培训效果，保障农民“互联网＋教育培训”质量；另一方面应加强对农民网络教育培训经费使用的监管，做到专款专用，保障新生代农民网络教育培训的有序开展，对于促进网络教育培训市场规范、可持续发展具有积极意义。此外，还要建立乡村振兴人才教育培训的跟踪反馈机制，跟踪了解返乡农民工的创业全过程，了解他们的实际需要，设计一体化的“创业培训—创业孵化—创业实践”扶持政策。各级政府可实施农民“创业培训＋后续跟踪服务”计划，为乡村振兴人才提供持续的指导和支持，提供创业前、中、后一条龙服务，进一步优化职业培训扶持政策。

四、加强统筹，完善和健全政策体系

（一）乡村振兴人才培育的环境支持体系

实施乡村振兴战略要增加对农业农村基础设施建设的投入，加快城乡基础设施互联互通。当前，实施乡村振兴战略需要补齐农村基础设施建设的短板，推进城乡基础设施互联互通，着力解决好农村基础设施建设不平衡、不充分的矛盾。完善通达的基础设施是新时代实现乡村振兴、开启城乡融合发展和农业农村现代化建设新局面的必要条件。

各级政府要以城乡融合发展为导向，推动城乡基础设施互联互通；以一盘棋的思维推动城乡基础设施建设的联动，通过共建共享，让基础设施红利成为城乡融合发展的保障条件。首先，提高城市要素参与农村基础设施建设的主动性、积极性，构建合理的城乡基础设施红利分配机制。其次，着眼于农业农村优先发展，精准识别农村基础设施建设的短板，对农村基础设施的供给类别进行精准排序，把财政资源向亟须补齐的短板倾斜，实现财政对其的优先保障。最后，针对目前我国农村互联网基础设施建设滞后的现状，各级政府应统筹规划，强化农村网络光纤通信基站互联网应用基础设施建设，尽快构建以信息资源、信息网络、信息技术应用、信息技术和产业、信息化人才、信息化政策和法规及标准为六要素的国家信息化体系结构，建立市、县、镇、村逐级配套延伸网络，扩大农村网络覆盖范围，打通教育培训信息进入农村的“最后一公里”，畅通农村通信网络，推进互联网进村入户，提高农村的信息化程度；尽快推进网络提速降费的进程，发展农产品电子商务，构建农产品网络销售体系，完善农村网络消费服务体系；针对手机消费门槛低、技术成熟度高、在新生代农民群体中使用较为普及等特点，尽快实现无线网络全覆盖，鼓励更多的新生代农民通过互联网随时随地接受教育培训，提升自身素质。乡村振兴除了要加强基础设施建设硬环境的支持，还要培养一支新型职业农民队伍，实现软环境的支持。各级政府要以县为单位建立农民培训数据库，对农民培训需求进行科学预测，根据农民的实际需求组织培训，构建健全的现代农村职业教育体系。

（二）乡村振兴人才培育的资金支持体系

首先，加大农村基础设施建设的投入。加大对农村高速公路、用电、用气和通信等配套设施的投入，“筑巢引凤”，吸引一批高素质农民工返乡创业，壮大新型职业农民工队伍，建设美丽乡村。其次，加大财政资金支持，设立专项经费，用于改善教育培训设施设备、聘请师资、建立实训基地等。比如，对符合条件的返乡创业农民工积极提供资金、技术和政策倾斜、农业政策性补贴、创业项目补助、社会保险补贴和税费减免优惠政策，使其不仅可以简化贷款手续，还可根据其所创企业的规模、性质、类型等申请不同额度的贷款支持；在高职涉农专业率先实行免费教育培训，使选择涉农专业的初、高中毕业生及参与全日制学历提升的农民均可以享受免除学费政策，还可以通过助学金和奖学金制度补贴生活开支；定期免费开展针对农民技能提升的短期培训，使参训农民可以享受误工补贴，对于按照规定让员工接受继续教育的涉农企业可以使其享受低息贷款政策，提高农民和涉农企业参与教育培训的积极性。再次，建立政府主导、企业资助、社会参与和个人负担相结合的农民职业培训多元化融资体系。根据教育成本分担理论中谁受益谁负担的原则，政府在不能完全免费提供培训经费的前提下，要创造条件吸引利益相关者参与返乡创业农民工培训。然后，给予农民税收优惠支持。通过采用对农民涉农创业前三年减免税收、所创企业获利之前不征收所得税、固定资产加速折旧计税等灵活多样的方式切实减轻创业农民的税费压力。最后，完善农村金融体系，拓宽融资渠道。鼓励引导商业银行在农村设立网点，成立村镇银行，创新金融产品，尝试小额度民间信贷，放宽信贷的抵押担保，为农民创业解决融资难问题。通过相关政策倾斜鼓励和吸引社会各界参与关心新型职业农民培育，让更多的社会资本流入农村职业教育，保障农村职业教育健康稳定发展。

（三）乡村振兴人才培育的法律支持体系

乡村振兴人才培育工作离不开政府的政策支持，但是政府政策的有效、及时落实则需要法律体系的保驾护航。我国各级政府出台了很多关于农民工返乡创业和新型职业农民培育的相关政策，但是有些政策实施难度大，难以落地，以致农民工返乡创业依旧困难重重，这与我国缺乏相关的法律支持体系不无关系。顺利实施乡村振兴计划，保障新型职业农民培育工作有序开展，首先需要尽快出台促进乡村振兴人才培育的相关法律，从立法层面对涉农创业问题进行全面规定，规定涉农创业在用地、资金、教育培训等方面的具体实施细则，以及所创企业的规模、类型与可享受的相关扶持政策的关系，为其成为新型职业农民创造良好的社会环境和法律依据；其次，需要加快土地流转相关法律的研制。目前我国农村土地流转多为农户之间的自发行为，所以需要政府部门尽快制定土地流转制度和土地承包经营权入股制度，通过完善流转双方的利益分配机制，规范土地使用权和放活土地经营权，避免因土地流转的短期化而影响农业稳定经营，从而实现土地规模利用和集约经营。

（四）乡村振兴人才培育的多元共育支持体系

乡村振兴关键在人才，人才培养关键在教育。乡村振兴人才的培育需要政府、教育、社会、企业多部门共同努力。首先，需要建立地方政府统筹协调、其他各部门分工协作的领导体制和工作机制。地方政府需在广泛调研的基础上，根据各培训主体的实际情况和农民培训效果进行评估，对各培训主体的培训项目进行统一部署。地方政府可以根据本区域产业特色选取优秀农业企业、家庭农场作为乡村振兴人才培育孵化基地，与农业广播电视学校、职业院校、成人学校、民办培训机构等培训主体签订校企（地）合作培育乡村振兴人才管理实施办法，建立校企（地）共育培训机制，明确双方的义务和责任。县级政府要根据当地农村经济社会发展状况、产业结构调整情况及现有农民规模和层次，确定本地区的教育培训规模和趋势；根据本地区农村、农业、农民的现状和实际需求，合理配置资源，将职业院校和农民培训机构科学、均匀、合理布局，并且随着经济社会的发展及时优化调整，使各类培训机构相互衔接、优势互补，形成合力。其次，各级政府还要鼓励教育培训机构、农村经济组织、农业协会、农民等多方参与培育规划过程，对培育目标、培育内容、培育方式、培育评价等做出详细规定，同时接受政府和社会的公开监督，保证责任落实到位，最终调动各行各业对农民培育工作支持与参与的积极性，形成规范、开放、灵活、有序的新型职业农民培育模式，为乡村振兴战略的实施培育和造就一批生力军。学校和企业对农民的教育培训可以由政府买单，学校培训主体作为理论学习的主要场所，主要负责乡村振兴人才的文化素质提升，而企业（基地）作为校外教学基地则承担现场教学、观摩体验和创业孵化等技能提升培训。校企共同调研乡村振兴人才培训需求，共同制订培训方案、选择培训内容，共同对培训效果进行评价和改进。企业（基地）的能工巧匠、土专家还要承担职业培训之后的跟踪服务职责，对农民创业实践进行一对一或一对多的指导。

第六章　新时代农村职业教育服务乡村发展的路径与模式

第一节　新时代农村职业教育发展路径

一、稳步发展农村中等职业教育

农村中等职业教育是我国农村正规职业教育中最为基础的职业教育形式，对农村人口素质的提升有着十分重要的意义，也是农村职业教育体系中十分重要的组成部分，是发展农村教育的重要路径之一，是构建农村学习型社会的重要内容，是从根本上解决“三农”问题，实现乡村振兴战略、构建和谐社会的基本途径之一。

（一）农村中等职业教育稳步发展的必要性

在国家提出“乡村振兴战略”的背景下，促进农村中等职业教育的稳步发展是十分必要的。

1. 发展农村中等教育是普及高中阶段教育的需要

我国的高中阶段教育包括普通高中教育和中等职业教育两种类型，当前国家提出“普职比大体相当”的高中阶段教育政策充分说明了这两类教育是“一体两翼”，不可偏废。

中等职业教育作为高中阶段教育的重要组成部分，担负着培养数以亿计高素质劳动者的重要任务。而在我国当前的中等职业教育中，农村地区生源在中等职业教育生源结构中占有很大比例，其生源的稳定程度直接影响到中等职业教育的发展规模，大力发展中等职业教育可以在一定程度上保障农村地区高中阶段教育的普及率。由此可见，稳步发展农村中等职业教育是普及高中阶段教育的迫切需要。特别是在中西部不发达地区，通过免费中等职业教育，吸引家庭经济困难、不适应普通高中教育的应届初中毕业生接受中等职业教育，一方面可以促进当地人口素质的整体提高，推进高中阶段教育的普及；另一方面，也可以让更多农村学生获得一技之长，进而为农村劳动力向有序、高质量方向的转移打下基础，为新型城镇化建设储备充足的人力资源，甚至可以起到精准扶贫的效果。

2. 发展农村中等职业教育是实施乡村振兴战略的需要

教育、“三农”和就业都是需要优先发展的事业，而农村中等职业教育是事关教育、“三农”和就业的一项事业，所以发展农村中等职业教育是实施乡村振兴战略的需要。

振兴乡村，实现全面小康，就需要促进农村经济社会的发展，而农村经济社会的发展关键在人。实施乡村振兴战略的着力点就是要调动亿万农民的积极性、主动性和创造性，而当前对农民的教育培训主要有两个方面，一是面向农村培训有文化、懂技术、爱农村的新型职业农民，二是面向城市促进农村剩余劳动力的有序、高质量转移，这都离不开农村中等职业教育。

3. 发展农村中等职业教育是促进农村城镇化发展的需要

新型城镇化战略的推进促进了各类资源、生产要素向城镇的聚集，人口资源等各方面对农村中等职业教育提出了新的需求。在城镇化进程中，越来越多的农民离开土地，成为城镇市民，新市民的生活环境、居住环境和工作环境都发生了根本性的改变，工作的条件和职业活动也由原来的田间地头变成了工厂、企业。同时，新型城镇化发展也加速了产业集聚，越来越多的岗位需要招聘具有一定专业技术水平或实际操作能力的员工上岗，而且岗位之间的差异性越来越大，这些都对新市民提出了更高的职业素养要求，他们迫切需要通过职业培训获得市民化所需要的专业技能、文化知识和观念转变，提高自身的市民化能力。这就需要发展农村中等职业教育，为其提供精准服务。农村中等职业教育植根于农村，最了解当地农民的实际情况，针对城镇化后新市民就业、创业所需要的知识储备、技术技能，通过加快课程体系改革、积极探索和创新教学模式等，能够更有针对性地提高农民的市民化能力，推动城镇化的快速发展。

（二）新时代农村中等职业教育的转型

随着城乡一体化建设、新型城镇化建设等一系列发展新农村政策的颁布与实施，我国的农村发生了很大的变化，原本对立的城乡二元制结构被打破，劳动力的流动比以往任何一个时期都更加频繁和复杂，无论是农民工市民化还是新型职业农民培育、鼓励农民工返乡创业等政策，都表明农村中等职业教育所赖以存在的背景已经发生了很大的变化，对于农村中等职业教育的需求也发生了很大的变化，如何让农村中等职业教育“香起来”“亮起来”成为摆在我们面前的一个重要问题。

1. 农村中等职业教育应转变办学定位

随着社会的发展，农村中等职业教育的一系列历史遗留问题暴露出来，其面临着前所未有的危机，甚至有学者指出应取消农村中等职业学校，认为农村中等职业学校影响了农村普教的发展。但我们认为，我国仍是农业大国，这一基本国情决定了我国的人才需求层次仍以初、中级人才为主，而农村劳动力是我国劳动力市场的重要组成部分，农村中等职业教育仍然担负着培养高素质劳动者和中、初级技术人才的重任。特别是国家提出了要“普及高中阶段教育”“大力培育新型职业农民”等战略方针，更是对农村中等职业教育提出了新的要求。因此，农村中等职业教育虽然在教育中的地位不高，但受欢迎程度正在提高，有着广阔的发展前景。农村中等职业教育必须与时俱进、更新观念，以市场经济发展、农业产业化等新形势为依据，以职业教育的新理念为指导思想，理清办学思路，转变办学定位。

基于农村中等职业学校的教育定位是为“三农”服务、培养高素质劳动者和新型农业科技型人才，农村中等职业学校应创新办学机制，立足社会经济发展和新农村建设的新形势，将着眼点落实于创新型人才的培养上。因此，新时期农村中等职业学校的办学定位应在原有的“就业教育”之外加入“职业培训”和“基础职业教育”这两个方面，三者统筹，融合发展。“职业培训”针对的是当前无论是新型职业农民的培育还是农民工市民化都急需职业培训的情况，农村中等职业教育作为农村正规教育的重要形式之一，应针对农民教育需求的特殊性，开展形式多样、时间灵活的职业培训，使更多的农民具有一技之长。“基础职业教育”主要是基于当前普及高中阶段教育、促进普职融合的大背景，为农村青年通过中等职业教育向高等职业教育发展打下基础，促进农村人口素质的提升。

2. 农村中等职业教育应拓展办学功能

农村中等职业学校创建之初是为农村培养农业人才、促进农村经济发展服务的，随着社会的变革和经济的发展，这一功能已经远不能满足社会和经济发展对农村中等职业教育的需求，农村中等职业教育需要着眼于经济社会发展的大背景，分析形势，结合自身条件，从服务“三农”的基点出发，拓宽办学功能，为“农”而不限于“农”。新时期农村中等职业教育应发挥以下功能：

（1）为社会发展培养具有创新精神的技术人才。农村中等职业教育始终是以就业为导向的教育，其办学宗旨是为社会培养适应劳动力市场需求的技术人才，同时也是为需要就业的农村青年提供合适的教育，使其能够顺利就业，“将需要工作的人培养成工作需要的人”。现代科学技术一日千里、迅速发展，特别是在“互联网＋”、大数据时代，旧职业不断被淘汰，新职业快速诞生，新职业的出现迫切需要相应的专业技术人员，而这一切都需要职业学校来添砖加瓦。社会对技术技能型人才的需求越来越旺盛、要求越来越高，中等职业教育不能仅停留在技术传授上，而应立足于立德树人，以大国工匠精神为引领，培养具有创新精神和创新能力的创新型技术技能人才。

（2）为高等职业教育打好职业教育基础。普及高中阶段教育、高等教育大众化是我国推进教育公平的两大政策。有关调查研究表明，中等职业学校毕业生选择升学的比例呈逐年上升的趋势，这与各地政府在高等教育大众化需求下着力构建职业教育人才立交桥不无关系。在此背景下，就业和技能水平不再是农村中等职业教育追求的唯一方向，终身学习能力、职业素养和职业能力的培养越来越受到中职学校的重视。因此，中等职业教育在以就业为导向的同时，还要为学生的升学深造打好基础，在课程体系的设置上尽可能与高等教育做好衔接，为培养高层次的职业技术人才夯实职业基础。

（3）全面提高农村劳动力素质。农村中等职业教育是最接近“三农”的教育，直接为“三农”服务，也是最适合当前农村劳动力教育状态的教育层次。因此，农村中等职业教育应强化全面提高农村劳动力素质的办学功能。首先，农村中等职业教育可以充分发挥农业科技优势作用，推广应用新技术、新成果，提高留守农民的劳动生产技能，培育新型职业农民；其次，通过中等职业教育使农民具备一定的职业能力和技能，增加其转移就业的资本，提高农村剩余劳动力的转移质量；最后，农村中等职业教育还可以充分利用学校的各种资源，发挥在农村精神文明建设中的重要作用，提高农民的文化素质和道德素养，成为创建“乡风文明”的主力军。

（三）发展农村中等职业教育的政府支持

任何教育的发展都离不开教育的内部发展和外部发展。就教育外部来讲，农村中等职业教育的发展需要在可能的范围内积极争取多方支持，如通过多种渠道争取地方政府对农村中职学校的经费投入、对农村中职教师待遇提高的重视、对农村中职学校人才聘用方面的支持、对校企融合的政策鼓励等。而由于农村中等职业教育是一项公益产品，对国家解决“三农”问题、进行“精准扶贫”有着十分重要的作用，发展农村中等职业教育是政府的应有职责，农村中等职业教育的发展离不开政府部门的大力支持。

1. 做好统筹规划，保障经费投入

职业教育的跨界性决定了职业教育是一项需要社会多方参与的综合性事业，政府应做好各方面的统筹，在经费投入上完善中职经费投入机制和生均拨款制度，提高经费保障水平，逐步分类推进中职免除学杂费，提高国家助学金资助标准，保障农村中等职业教育的经费投入。

在城乡一体化建设背景下，我国在总体上已进入“以工促农、以城带乡”的局面，针对当前农村中等职业教育面临的困境，应加强对农村中等职业教育的支持力度，促进城乡中等职业教育的统筹发展。一方面，统筹城乡中等职业学校的专业设置，解决好中职学校理、工、文、医、农、艺等专业跨界混搭，办学专业重复建设、办学同质化等问题。由政府统筹规划专业设置，按照“做强主体专业，拓展新兴专业，改造传统专业”的思路，着力推进职业学校专门化建设和特色化发展。在县域范围内，根据本地区经济社会发展的实际情况，合理规划下属各农村中等职业学校的发展方向、专业设置等，统筹兼顾，协调发展，发挥各自的优势，打造特色专业。例如，农村有着近农的地理优势，农村中等职业学校应根据地域特色开设涉农专业，城市则少设甚至不设涉农专业，避免专业的重复建设。另一方面，城市中等职业学校与农村中等职业学校应开展全方位、多形式的合作办学，对口支持农村中等职业学校，如提供硬件设备改善办学条件、接受农村职业学校学生到实训基地进行技术训练、加强教师流动与交流及让城市优秀教师送教下乡、农村教师进城学习等。这些都需要政府部门，特别是教育局的统筹安排，以及出台相应政策才能实施。另外，政府还应针对农村中等职业教育校企合作、产教融合的困境，统筹政府、学校和企业的合作，促进农村中等职业教育的良性发展。

2. 推进产教融合，优化师资队伍

第一，产教融合是中等职业教育生存的基础，也是中等职业教育稳步发展的基石。政府要发挥顶层设计的引领功能，以加速当地经济和社会发展为出发点，统筹政校企合作，把政校企合作作为一个整体，深化产教融合，科学地规划政府、农村中等职业学校和企业的共同发展。具体来说，政府要从法律法规上建立和完善产教融合机制，明确规定政府、学校和企业在推动农村中等职业教育产教融合、稳步发展中所应承担的责任和享有的权利，从而在制度上保障校企的深度合作，有效利用双方资源构建学生实践实训的平台，联合培养专业技术人才，实现经济社会发展和中等职业教育的良性互动。同时，政府还应通过一系列优惠政策，调动行业、企业寻求合作的积极性，并且将接收教师实践和学生实践作为一项衡量和评估企业的重要指标，保证校企合作在政策上的合理化和制度化。

第二，建设一支高质量的“双师型”师资队伍是促进产教融合、提高农村中等职业教育质量的关键力量。政府通过制定相关扶持政策，重视农村职业教育师资的引进和培养，提高教师素质，优化教师结构。政府应继续推进卓越教师培养计划、职业院校教师素质提升计划、中小学教师国家级培训计划（简称“国培计划”），优化培训内容，扩大教育硕士招生规模，培养高层次中等职业学校教师；同时，创新补充机制，采取政府购买服务的方式，加强“双师型”教师培养培训基地和企业实践基地建设，深化区域校企、校际合作，吸引行业企业深度参与并组建专业化培训专家团队，注意构建从上而下的校企共建支持服务体系；完善教师引入机制，加大对农村中等职业学校紧缺急需人才的引进力度，鼓励高技能人才到农村中等职业学校任教，对于那些符合条件的中等职业学校紧缺急需人才，可适当降低其他限定条件、提高待遇，采取社会招募、公开考试、实践考核的方式招聘入编，为优秀人才创建“引得进、留得住”的工作环境。

3. 推进普职融通，规范升学渠道

发展农村中等职业教育，政府要着力推进普职融通，规范升学渠道。一方面，建立中等职业教育与普通教育的学分互认、转学机制，这是促进中职和普高平等发展的一项有力举措，能够为学生提供多元选择的尝试。但目前由于中职和普高地位的不平等，这种互转很容易成为中职向普高的单转。因此，必须在建立普职融通机制的同时，改革教育管理制度和人才评价体系，提高农村中等职业教育的地位。另一方面，合理构架“中高职升学立交桥”，正确引导中职学生的升学观念。随着社会经济发展对人才要求的提高，农村劳动力对学历有了更高的追求，特别是本科扩招，一部分高职院校可注册入学，使中等职业教育的生源困境愈加严重。因此，打通中等职业教育与高等教育之间的升学路径是解决这一问题的重要措施。政府要结合实际需求，搭建“中高职升学立交桥”，建立升学深造机制，以增强农村中等职业教育的吸引力和竞争力，同时也进一步畅通职业教育人才多样化成长渠道。与此同时，需要注意规范升学渠道，引导学生和家长对升学的正确认识。因此，政府在建设现代职业教育体系的同时，需要从政策层面规范和引导中等职业教育，使其升学体系良性发展。

（四）实施农村中等职业教育供给侧改革

虽然现在国家执行“普职比大体相当”的政策，这将对农村中等职业教育的发展起到促进作用，但这是在政策层面强制执行的。从需求侧而言，农村中等职业教育并不受农民青睐，所以要寻求农村中等职业教育的可持续发展，就必须进行农村中等职业教育的供给侧改革，从学生、家长、企业、高职等的需求出发，改革农村中等职业学校的供给。

1. 合理设置，增强凝聚

农村中等职业教育的发展与专业设置有着密切的关系，基于教学的超前性，农村中等职业教育应打造面向未来、适应市场的中高端专业。因此，提升农村中等职业教育自身实力，首先要改变农村中等职业学校的办学思路，由政府统筹安排，紧密结合地方需求，兼顾学生需求，增强专业大类的聚集度。所谓专业大类聚集度，是指同一所学校在专业设置上尽量集中在一两个专业大类上，学校这样设置的专业与专业之间有一定的共性，便于建立共用性的实习、实训基地，提高教学资源的利用效率和办学效益。随着我国城镇化进程的不断加快，第一、二、三产业的结构在我国也有了较大的调整。在农村地区，第二、三产业正在逐步兴起，第一产业也在加快升级，农村劳动力的就业领域和就业要求有了新的变化，这就要求农村职业教育根据市场和社会的需要，不断更新教学内容、改进教学方法、合理调整专业结构。农村职业教育既要为现代农业服务，也应该大力发展面向新兴产业和现代服务业的专业。在农村剩余劳动力外出就业的过程中，劳动力素质是其被选择的依据，双向选择的机制决定了一个劳动力要从农业向非农行业转移必须具备一定的文化素质和综合能力。

2. 凝练特色，发展内涵

牢固树立质量意识，是农村中等职业学校提高人才培养质量的基础和前提。农村职业教育要服务于区域经济的发展，农村职业教育的专业设置就必须根据农村经济社会发展的需求不断地进行调整。当今社会城镇化进程如火如荼，非农产业不断向城镇聚集，成为地方经济发展的支柱，而传统的农业也向高效现代农业发展。农村在自然景观、产业结构、生活方式等方面随着城镇化的发展而变化。产业结构的变化给农民提供了更多的非农就业机会，市场的人才需求也从农业向第二、三产业发展。农村职业学校的专业设置在适应产业结构变化过程中，显得步调缓慢，导致学校专业设置趋同，失去特色。随着农业产业化和现代农业的快速推进，现代农业技术复杂程度越来越高，所需的管理水平和技术水平要求也越来越高，这种发展趋势需要有更多的通过涉农专业培养的技术型人才投身现代农业。供给与需求不能对接，这就要求农村职业教育必须充分考虑发展现代农业的需求，建立结合当地农业产业结构调整、富有时代特色和发展潜力的新型涉农专业。

在教育供给侧改革大背景下，中等职业教育的可持续发展只能是内涵发展，注重结构、效率、效益、成长性、满意度、教学水平、社会评价。职业学校应从提升办学质量出发，着重于内涵建设，致力于学校、教师和学生的内在发展，致力于校企的深度融合。学校管理要从提高管理质量出发，立足于学生普遍比较突出的行为模式，在科学化、精细化等方面做好文章。人才培养要从高质量出发，一方面致力于所有学生的健康成长和技术技能水平的提高，另一方面关注职教学生中创新型人才的培养，始终以需求侧（学生、学生家长、用人单位、行业、政府）为关注焦点，分析需求，开发和完善专业、课程和其他各项教育服务，努力提高学生、家长、用人单位和各级政府的满意度。

3. 创新办学，多元合作

随着农村中等职业学校办学定位及功能的转变，必然要求农村中等职业学校打破学校封闭办学的状况，创新办学思路，寻求多方合作与支持。首先，农村中等职业学校应与政府合作，提高农村中等职业学校在促进地方经济发展中的地位，在财政拨款、政策支持、舆论导向等方面寻求政府的支持。其次，农村中等职业学校需要更加密切地进行校企合作，在政府支持下寻求行业、企业的支持，进行全方位的合作。一方面，学校应邀请行业、企业参与学校专业发展规划、人才培养方案等的设置，根据当地经济发展的需求，合理设置专业，在教学上还可以聘请企业能手作为学校的兼职教师，在毕业生方面可以给予合作企业优先选择毕业生的权利，或者采用订单式培养模式，探索校企联合招生、联合培养的现代学徒制办学模式。另一方面，由于农村职业教育办学条件差、实践设备短缺，在学生实践实训方面，可以与企业密切合作，企业为学生提供教育教学实训环境，为学校培训教师，学校则可以为企业员工进行理论培训，双方合作共赢。再次，农村中等职业学校应与普通中学寻求合作。中等职业学校可以与初级中学合作，加大宣传力度，让学生与家长了解中等职业学校，可以通过到中学与学生、家长座谈，适时邀请学生、家长到校参观等方式，使家长充分了解中等职业学校，从而吸引生源。最后，农村中等职业教育还可以寻求与教育同行的合作，如与城市中等职业学校合作进行集团化办学、与社区教育中心等成人培训机构进行合作等，广泛拓展学校办学思路，实现学校的可持续发展。

4. 加强管理，改革教学

管理和教学是提高农村中等职业教育质量的两个抓手，也是影响农村中等职业教育声誉的两个重要方面。农村中等职业学校要依据“系统思考、整体设计、学校现状、企业参与、纵横一体”的原则，通过加强管理和改革教学，构建学校内部质量保证体系。

从管理的角度来说，它是学校可持续发展的重要环节，决定着学校能否顺利成长和可持续发展，在教育现代化背景下的学校管理，应更多地体现科学化、精细化的要求。一方面，农村中等职业学校要努力打造一个适应学生培养需求的良好校园环境，能够为学生提供合理的管理规章制度、优雅的学习环境、舒适的学习条件、完备的实训资源、良好的师生关系、生动的课堂教学、周到的学生服务和丰富的校园生活等；另一方面，农村中等职业学校要努力打造一个适应教师发展需求的良好工作环境，能够为教师提供张弛有度的教学环境、灵活多样的进修学习制度、高质量的样本研修课程、协同发展的教师团队等，从而为学校师生创造满足其发展需求的良好环境，促进学校教学质量的提高。

从教学层面来讲，人才培养质量的持续提高关键在于通过对教学工作的“诊断与改进”，构建较为完善的内部质量保证体系，从制度、机构、工作流程等层面将质量工作落到实处。引导教师建构质量自我反思意识，不断更新教学理念、提高教学水平，依据人才培养目标和企业需求，在教学中引导师生在做中教、在做中学，做到工学一体、产教融合，实现脑体结合。

农村中等职业教育只要实现了“管理有方、教学有法、升学有门、就业有路”的办学目标，就会得到社会的赞誉和肯定，从而实现中等职业教育的稳步发展。

二、积极推进农村高等职业教育

随着国家对“三农”问题的重视，特别是提出优先发展农村、农业战略后，我国农村经济和社会发展都有了很大的变化。发展农村职业教育，必须有效发挥高等职业教育在新农村建设人才培养中的重要作用。

（一）农村高等职业教育发展的必要性和可行性

1. 农村高等职业教育是“四化同步”背景下新型城镇化发展的需求

随着新型工业化、城镇化、农业现代化和信息化的深入推进，我国农业、农村发展进入了一个新的阶段，大量的先进农业科学技术、高效率农业设施装备、现代化经营管理理念越来越多地被引入农业生产的各个领域中，农业的组织形式、发展方向及农村社会结构面临着深刻变革。

推进新型城镇化发展最关键的是人力资本的提升。目前，我国农村人力资本无论是农民工还是留守农民，都存在着人力资本薄弱的问题。基于人力资本在推进城乡一体化建设中的重要作用，加快新农村建设，就需要进行农村人力资源的开发，要为农村培养大批有知识、懂技术、善管理的高素质人才，原有的农村中等职业教育已不能满足这种需求，需要高等教育走向农村，真正实现大众化。

目前，我国农村人力资本开发还主要依赖于基础教育和中等职业教育、成人职业教育，高等职业教育相对还没有展开，不能满足新农村建设的需要。农业现代化要求推进适度规模经营、集约化和标准化生产，提高农业生产效益，这依赖于高水平农村科技和高素质农民的支撑。随着大规模的农村人口流动，农村劳动力进入总量过剩和结构性短缺并存的阶段。面向农村发展适合农村的高等职业教育，提升农村劳动力的受教育程度，有利于培育农村科技人才和新型职业农民，促进农村就地城镇化和农业现代化的发展。

2. 发展农村高等职业教育是实现教育公平的需要

目前，我国的高等职业教育大多聚集在大中城市，这样的地理分布必然影响农村学生进入高职的入学机会。发展农村高等职业教育，拉近高等教育与农村的空间距离，对于减少农村学生高考弃考、扩大教育公平大有裨益。而且，“适合的”就是“最好的”，这种教育理念越来越受到社会的认同，学有所用已成为农村学生选择高等职业教育产品的重要标准。向农村学生提供最适合的高等职业教育，使之具备建设和服务家乡的基本能力，是农村高等教育发展的应有方向，这将大大丰富教育公平的内涵。同时，在政府着力构建中高职衔接的现代职业教育体系的背景下，中职学生毕业的去向也显示着对农村高等职业教育的迫切需求。

3. “互联网＋”背景下高等职业教育服务新农村建设具有了更大可能性

随着社会进步、信息技术的不断发展，我国已经步入了“互联网＋”的时代，“互联网＋”是创新 2.0 下互联网发展的新业态，是知识社会创新 2.0 推动下的互联网形态演进及其催生的经济社会发展新形态。“互联网＋教育”也推动了教育改革的新发展。目前，远程教育已经具有开放性、灵活性、共享性等多种特点和优势。另外，随着 MOOC 等微课程的快速流行，使现代快节奏、碎片化的学习更加便捷。这些都为高等职业教育通向农村，推动农村职业教育的发展提供了极好的支撑。因此，高职学校可以结合自身的专业优势，丰富远程教育体系，给广大农村劳动力提供学习平台，满足他们的学习需求。这样不仅可以降低他们的学习成本，而且能免去学员奔波之苦，对提高农村人口素质有很大的益处。

（二）农村高等职业教育体系的构建

1. 农村高等职业教育的办学定位

农村高等职业教育是为社会主义新农村建设服务的，这就要求农村高等职业教育在总体规划和发展思路中思考和确立农村高等职业教育为促进农村经济发展和人的发展服务的功能，结合新型城镇化发展对高等职业教育发展的要求，尤其是着眼于当前解决“三农”问题的迫切性，构建新的人才培养和评价体系。农村高等职业教育要以大众化教育的时代背景为依据，把精英教育与大众教育有机结合起来。

其一，农村高等职业教育要为“三农”服务，立足于美丽乡村建设的需要。随着城乡二元结构向城乡一体化结构的发展，农村第二、三产业的发展越来越迅速，农业和非农业、农村和城镇的界限越来越模糊，所以农村高等职业教育在办学理念和指导思想上要密切联系教育对象和农村经济发展的实际需求，培养目标要符合新农村建设对人才的需求，立足农村，面向全局，合理设置专业，更新教学内容，形成办学特色，在学历教育的基础上把职业技能培训和新技术的推广纳入学校教育教学中。

其二，农村高等职业教育要立足市场需求。在城市出现“用工荒”的同时是大学生“毕业等于失业”、农村大量剩余劳动力转移困难的状况。这是因为随着科学技术的发展，我国制造业与服务业技能型人才特别是高技能人才十分紧缺。未来几年，随着产业结构的调整和城镇化进程的加快，如果农村劳动力素质不提高，这种人才不对等的缺口将越来越大。因此，从人力资本的提高来讲，迫切需要农村高等职业教育的发展；而从市场对人才的需求来讲，农村高等职业教育应树立大职教观，从市场角度去拓展办学思路，充分利用资源优势，使学历教育与非学历教育的短期培训协调发展，根据学校自身的特点、条件做好专业设置和规划，并且根据市场发展趋势适度超前确立专业方向，培养“学有所用，适销对路”的毕业生。

其三，农村高等职业教育是面向农民的教育。农村高等职业教育应立足广大农民的实际情况，从农民的实际需求出发。农民是农业和农村的主体，提升农民素质不仅是解决“三农”问题的核心，还是建设美丽乡村、和谐社会的关键。因此，农村高等职业教育要根据农民的实际需求，采用多种教育形式，以就业为导向，以提高农民职业技能和职业素养为主线，激发农民对高等职业教育的积极性，提升农民的文化素质、职业技能和经营技能，提高就业能力，使之具备终身学习的能力，适应现代化生产的要求。

2. 农村高等职业教育体系的构建

发展农村高等职业教育是新农村建设的必然需求，虽然目前各地都有了不同形式的农村高等职业教育，但还处于零散状态，尚未形成较为系统的农村高等职业教育体系。农村高等职业教育体系的构建有其特殊性，应是多层次并进、多种形式共存的一种网状体系。从学校来说，包括农业院校、普通院校的涉农专业、农村高等职业学校和社区学院；从教育形式来说，包括普通招生入学和送教下乡、远程教育，等等。

（1）发展高等农科类职业院校，落实惠农政策。高等农科类职业院校是农业科学发展、人才培养的重要阵地，其对于推动“三农”问题的解决有着重要的战略意义。高等农科类职业院校肩负着人才培养和社会建设的重任，随着经济全球化与高等教育大众化，高等农科类职业院校在迎来机遇的同时，需要面对新时代的挑战和传统观念与农业弱势地位的冲击、现代经济发展新形势的影响及高等农科类职业院校自身定位不准等问题。面对这些挑战、冲击和新形势，高等农科类职业院校应加强人才培养，强化专业特色，引领高校人才热爱农业并投身农业建设，落实高等农科类职业院校的发展重任。国家应在优先发展农村农业的大环境下，落实惠农政策，通过各种方式支持高等农科类职业院校的发展，使其更好地面农、近农，为农村经济发展服务。

（2）支持涉农专业，改革招生机制。虽然在城乡一体化发展的推动下，农村的产业结构正在发生变化，但农业仍是农村的支柱产业，支持高等职业学校涉农专业的发展，是提高农村人口素质、发展农村经济的关键路径。为此，一方面，国家与地方政府应出台相关鼓励政策，通过减免涉农专业学生学费、奖励涉农专业毕业生服务农村等鼓励学生报考；另一方面，改革高校涉农专业的招生机制，灵活招生，对接高等职业学校涉农专业，进行对口招生，进一步提升涉农专业学生的素质。

（3）推广自学考试，建立助学体系。相对于其他形式的高等教育，自学考试具备投入少、成本低、学习时间自主性强、专业和课程设置灵活等优点。更重要的是，它能够较好地解决农村青年“上得来”、城市青年“下得去”且二者都能“用得上”“留得住”的问题。因此，在各种形式的高等教育中，自学考试是将高等教育引向农村地区的有效途径之一。因此，构建农村高等职业教育体系必须更好地推广农村高等教育自学考试，并且根据农民的实际需求建立和完善农村高等教育自学考试助学体系，充分利用“互联网＋”时代所带来的技术便利，通过打造自学考试辅导网络平台、送教下乡等方式，构建县、镇、村三级助学体系，为农民参加自学考试保驾护航。

3. 现代农村高等职业教育体系的特点

农村高等职业教育是面向“三农”的教育体系，是基于“四化同步”发展背景的现代农村职业教育体系，所以农村高等职业教育体系应以科教兴农方针和乡村振兴计划为指导，以高等农科院校和普通院校的涉农专业为依托，以地市高等职业院校为龙头，以县市农村社区发展学院为主体，面向农村经济社会发展的需要，由中央政府提供政策和部分资金支持，由地方政府统筹整合诸如电大、技校、中职校、成人学校等现有教育资源，构建多层次整合的农村高等职业教育体系。基于办学定位，农村高等职业教育体系应具备以下特点：

（1）适农性。农村高等职业教育体系应是能够适应和服务新农村建设的。农村高等教育体系应立足于农村经济和社会发展的需要，着眼于农村人口整体素质的提高，致力于使学习者具有适应农村生存和发展需要的良好文化基础和适应农村生产生活的适用技能，为农村培养多方面、多层次的留得住、用得上的适用人才；应根据所在区域的经济社会发展情况，如产业特点、人口素质、地域文化等，因地制宜，灵活地开设专业和办学，始终切实地服务本地区的新农村建设和农民素质的提升。

（2）开放性。农村高等职业教育基于受教育对象的特殊性，更需要坚持体系的开放性。一方面，通过“三教统筹、协调发展”的方式开展学历教育和非学历职业培训；另一方面，应依托高校资源开展社区服务、终身教育和文化素质教育等，以其包容性满足农民的多样化需求。

（3）辐射性。农村高等职业教育体系具有分散性、网络化的特征。在我国的现有条件下，农村高等教育体系的建立应以普通高等院校为依托，以地市高等职业院校为龙头，以县市农村社区发展学院为中心，形成辐射乡镇的多层次、分散性网状结构。

（4）导向性。农村高等职业教育是依据科教兴农的要求，适应农村人口接受高等教育和多方面发展的需要，为农村培养适用人才和在农村教育全面实施素质教育的“立交桥”。同时，农村高等职业教育应多元化办学，改变过去单一的教育投资模式，尤其是要鼓励事关农村、农业、农民的投资主体流向农村高等职业教育，使高等职业教育通向农村的办学目标更加清晰、明确。

（5）贯通性。农村高等职业教育体系应体现现代农业对高素质人才的需求，贯通各层次的职业教育。一方面，对接中等职业教育，多渠道打通中等职业教育进入高等职业教育的通道；另一方面，贯通专科、本科甚至研究生各学历层次，为培养服务于现代农业的高层次人才服务。

（三）农村高等职业教育的发展策略

1．整合现有教育资源，统筹发展农村高等职业教育

积极规划发展县级高等职业技术学院，与县域原有的电大、高等教育自学考试和位于地市的普通高等院校形成地方高等教育的新格局，加强与普通农业高、中等教育的衔接，并且使之与农村基础教育、成人教育、中等职业教育相互沟通。这不仅对带动县级农村社区学院的发展和提升劳动者素质具有重要意义，而且有利于形成与地方经济相适应的人才优势、技术创新优势。

农村高等职业教育的发展应建立以政府统筹为核心，以教育行政部门主抓为基础，以农业、科技、文化等相关部门积极参与为依托的管理体制，建规章制度、增教育投入、抓师资培训，并且建立相关保障机制，将农村高等职业教育纳入国家现有的整体高等教育体系之中，有效利用农村现有的文化、教育、信息、网络等各种资源，并且不断予以开发和完善，构建包括成人教育（函授教育）、自学考试、开放大学、网络教育等多种形式在内的立体的远程教育体系。只有努力构建“普、职、成”三教统筹的教育体系相互沟通的终身教育体系，才有利于农村高等职业教育的发展，才能满足日益增长的社会需求。

2. 加强政策引导，促进农村高等职业教育大众化

农村高等职业教育的发展、产学研工作的推进、农村实用人才的培养、服务农村现代化的实践，已充分证明了农村高等职业教育的必要性和可行性。但是，农村高等职业教育的推进需要政府的不断引导，需要进一步发挥高等职业教育学以致用的优势，着力推进农业产业、农业行业企业及生产组织、农民个体及团队的高层次学习需求。面对高等教育的城乡差距越来越大、农民对高等教育投资意愿不强等现状，政府需要加强政策引导，促进农村高等职业教育的大众化。目前，教育部及地方政府都对此进行了积极的政策引导，如“大学生村干部”“一村一名大学生工程”，引导部分“农”字高校在农村建立科技示范基地等，这些政策均取得了一定的效果。因此，必须进一步加强政策引导，促进农村高等职业教育大众化，促进农村大学生和农民工回流。

3. 加大宣传力度，转变农民观念

高等教育被赋予一种“升学转化”功能，使农村中具有一定素质的人力资源大量流失，很难再回流农村。另外，高校扩招以后，缴费上学、市场就业逐渐得到人们的认可，也使农村高等教育与城市高等教育差距越来越大。因此，发展农村高等职业教育，一方面加大对农村学生的引导，宣传报考农业院校和涉农专业的奖励政策，转变农村家庭对高等教育投资的观念，鼓励高中生参加高考，鼓励中职生继续升学；另一方面，着重引导农民向“学历＋技能＋创业”发展，出台农业培训、农民工培训等专项补助政策，鼓励农民积极参加高层次学历教育和非学历培训。

4. 改革高校办学机制，适应新农村发展

我国高等教育改革须控制规模、追求质量。首先，发展农村高等教育应优先立足于整合现有资源，促进地市本科及县域高职高专院校的内涵转型。在条件允许的情况下，经济较发达、人口数量多的县（县级市）可新建一所高职或高专院校，增加农村高等职业教育的产品供给。其次，发展农村高等教育应适应农村劳动力相对分散的社会形态，实行多样化策略，

提供学历教育与非学历教育、全日制教育与非全日制教育等多种选择，并且以弹性灵活的学习时限满足农村学生和农民、农民工对高等职业教育的多种需求。最后，高额的学费和生活费增加了高等职业教育的获取成本，这也是农村学生放弃高等教育的原因之一。发展农村高等职业教育要降低学费标准、降低高校布局重心以便减少生活开支，使农村学生、农民和农民工接受上得起、用得上的农村高等职业教育。

（四）加大经费投入，减轻农民负担

教育负担能力在广大的农村地区普遍较弱，农民的收入只能够满足家庭日常开支。只有当收入满足了家庭的基本生活需要之后还有剩余，才会用于子女的教育。

目前，我国高等教育实行的是交学费读大学的方式，虽然有各种奖助学金，但这并不能从根本上解决或减轻农民上大学的成本和压力。因此，发展农村高等职业教育，政府要提高认识，基于现阶段我国农村的国情和区情，加大对农村高等职业教育的统筹和支持力度，建立“政府投入、社会多方参与、个人合理分担、国家助学贷款”的农村劳动力职业教育与培训经费筹措和保障机制。一是政府可以设立农民学历教育专项拨款机制，限定名额，定向资助符合条件的农民免费参加全日制学习。二是指定普通农业高校或高等职业学校接受任务指标，根据农民的需求和地方经济社会发展需求，免费送教下乡或进行远程培训，带动农民参加高等职业培训的积极性。三是政府可以采取措施提高农民的收入水平，从而增强他们进行人力资本投资的负担能力。

三、大力发展农村社区教育

农村社区教育是农村职业教育的重要组成部分。它是相对于城市社区教育而来的，是以农村社区的所有居民为对象，充分利用区域内外的教育资源，以提高社区居民的素质为目的，最终促进农村社区经济、文化全面良好发展的综合性社会学习活动。农村社区教育是进行农民职业培训的一个平台，大力发展农村社区教育，是促进农村职业教育发展的一个重要途径。

（一）大力发展农村社区教育的必要性

1. 农村社区职业培训是培育新型职业农民的重要依托

农村社区教育的本质内涵是以开发农村社区人力资源为本，充分利用社区内外的各种资源，以提高农村社区全体人员素质和生活质量为宗旨，促进农村社区经济社会的全面发展。可见，与其他任何类型的教育相比，农村社区教育更有利于提升农民的整体素质。通过加强农村社区教育，对留守农民进行职业培训，使他们成为有文化、懂技术、善管理的新型职业农民，将有助于实现农村经济发展，改善农民生活，加快新农村建设的步伐。通过农村社区教育全面提高农民的文化素质、科技素质等综合素质便成了培育新型职业农民的重要依托。

2. 农村社区教育是促进农民工市民化的有力支撑

在城镇化进程中推进农民工的市民化，实际上就是要在就业、医疗、教育、住房、社保等方面实现与市民的同等待遇。从农村人力输出的源头上尽力做好社区教育工作，将有助于进城农民工快速、真正融入城市生活。农村社区教育可以举办形式多样的培训班，对农民工开展技术培训、就业指导和创业教育，从源头提高农民工在择业过程中的核心竞争力。

3. 农村社区教育是促进农村劳动力转移和转型的重要途径

改革开放以来，劳动力转移是农村得以发展的重要因素：一方面增加经济收入，另一方面从城市带来诸多现代开放意识。在劳动力转移这一问题上，一般是受教育程度越高转移越容易。因为他们思维相对开阔，更容易接受新事物、适应新环境、掌握新技术。同时，农民受教育程度越高，就越倾向于进行社会流动，流动机会和获得的收益也相对较多。尽管农民技术教育、素质教育的责任不完全在农村，但如果农村能够提供一定的技术教育，农民将有更多的机会进入城市就业和进一步向上流动，同时也能为农村带来更多的收益。

4. 农村社区教育是提升社区居民生活品质的重要途径

根据新农村建设目标及农村职业教育功能的逐步释放，对职业农民进行“生活教育”也将是农村职业教育的重要内容。随着农民生活的不断改善，人们对生活品质提升的需求渐趋旺盛，从终身教育体系的建设来看，职业教育和培训将是其中的重要环节和内容。农村社区教育职业培训作为农村职业教育的一个重要组成部分，有着最接近农民、了解农民生活、掌握农民需求的便利性。因此，农村社区教育职业培训是提升社区居民生活品质的重要途径。

（二）农村社区教育开展职业培训的策略

1. 加大宣传力度，强化对农村社区教育作用的认识

目前，农村社区教育已经有了诸多形式，虽然不少政府涉农部门都在农村开展过相关的培训、教育，但这些活动的规模还较小，尚处于起步阶段。因此，进一步加大宣传力度，宣传社区教育的作用，让更多人了解社区教育在促进农村发展、农民发展方面的重要地位显得尤为必要，这是开展社区教育活动的保证。农民是农村社区教育的主要对象，只有不断提高农民素质，培养农民社区意识，引导他们积极参加社区教育，新农村建设才能落到实处。

农村社区教育作为农村最“接地气”的教育形式，应发挥三个方面的作用：一是对转移劳动力进行技术能力培养，使他们拥有适应劳动力市场需要的技能；二是对部分留守农民和返乡农民工进行职业技能提升和人力资源开发，根据当地市场需求和产业要求，培育新型职业农民，使他们在当地经济发展中成为行业或企业的骨干；三是对全体农村居民进行素质提升，传承文化、传播文明，提高农民生活质量，促进“乡风文明”建设，造就美丽新农村。

2. 基于适应新型城镇化推进的需要，拓展农村社区教育功能

改革开放以来，处在城镇化进程中的农民生活不断随着社会经济的发展发生着改变，如果不能有效发掘农民参与社会竞争的能力，城镇化进程

必然会受到阻碍。因此，农村社区教育必须在科学发展观指导下稳步开展，即坚持以人为本，树立全面、协调、可持续的发展观，以促进经济社会和人的全面发展。农村社区教育功能的完善和拓展主要表现在以下几个方面：

（1）做好农民的职业技术培训。这是因为在城镇化快速发展背景下，一方面，新农村建设需要培养掌握现代农业生产技术的新型职业农民。依靠农村社区教育，推动农业增效、农民增收、农村稳定，是今后很长时期内的主要任务。另一方面，城镇化背景下的农村劳动力转移需要农村社区教育做好前期服务。我国农村的城镇化在今后一段时间内还要以更快的速度发展，农民进城务工实质上就是在城市就业，提高其城市生存能力、更好地适应城市生活是农村社区教育的责任之一。

（2）积极地与社区内的政府机构和企业行业加强沟通和合作，在农民的培训和实用科学技术的研发方面，农村社区教育要组织整合各方面资源，突出农村科技发展的特色，为当地农民的学习发展提供服务，为当地的生产发展提供智力支持；同时，因地制宜地引进新的科技、市场和教育信息，使社区与当今信息化时代同步。

（3）积极地与社区内的学校教育、职业教育等进行互动与沟通，共享资源，在农村社区创造公平和谐终身的教育学习环境。

3. 丰富农村社区教育的形式，以短期培训为主

我国农村情况千差万别，因而农村社区教育的发展也应该有丰富多样的形式。农民倾向于采用“短期的”“面对面交流”的形式。一方面，因为农民的文化教育水平相对偏低，受教育的需求相对不高，学习动机趋于现实、简单，甚至存在短视行为。相当一部分农民为了眼前利益，可能会放弃对文化知识和科学技术的学习。他们的理由非常简单：学习技术耽误生产，搞生产多少能挣点钱。这种短视行为甚至在农村基层干部中也表现得比较突出。而传统讲授式培训也有很多农民表示听不懂，收不到预期的效果。另一方面，农民总体收入水平不高。工作时间长、家庭生活负担重、教育收费高、教育投入与短期收益的矛盾等，导致部分农民无法顾及自身

的教育需求。因此，短期培训应成为农村社区教育首选的教育形式。

4. 完善农村社区教育管理体制，充分利用社区教育资源

由于农村居民和基层领导对农村社区教育的认识不明确，需要在政府相关部门的引导下，建立“以政府为主导，教育部门主管，多个部门协调，社会广泛参与，农民自主活动”的农村社区教育管理体制。在教育主管部门设立专门的机构，管理、引导社区教育活动。在县域内建设一所农村社区学院，负责统筹管理农村社区教育工作，并且直接面向农民开展社区教育活动。

针对当前农村社区教育资源不足的现实，应有效整合农村社区教育的外部和内部资源。充实社区教育工作者队伍，从年轻化、知识化、专业化角度充实农村社区教育中心专兼职教师队伍，保障社区教育活动得以高标准、高质量地开展，满足现代农民对职业教育和培训的需求；将社区教育职称评定单列评审，调动社区教育中心教师的积极性；建立农民教育培训专家师资库，为农民教育提供师资保障，建立“土、兼、专”结构合理的农民培训师资库，充分利用志愿者，挖掘民间技艺人才，吸收其进入培训师资队伍。同时，依托社区内教育用地建设社区教育中心，服务农民，不断提高社区资源的利用率。例如，江苏海安镇社区教育中心在多年的农民人力资源开发中，充分运用一大网络（镇、街道、村居三级社区教育网络）、两大阵地（社区教育中心主阵地、农科教结合示范基地阵地）、三大保障（政策、经费、师资）、四大协作（与专家院校协作、与地方农技部门协作、与农业企业协作、与示范户协作）、五大模式（现场观摩、专家讲学、网络视频协会交流、个别辅导）开展工作，取得了显著效果。

5. 拓宽渠道，增加农村社区教育经费投入

充足的经费是农村社区教育活动得以顺利进行的保证。依照我国当前农村地区的经济现实和发达国家的相关经验，针对农民开展的农村社区教育应归类于“准公共产品”，其经费应以政府的投入为主体。一方面，从省级政府层面明确关于农村社区教育中心发展经费来源的指导性意见，根据

区域发展水平的差别及农民需求的差异性，确定各地社区教育中心的经费预算。另一方面，在以政府投入为主的基础上，多渠道筹措社区教育经费，通过“个人拿一点、单位出一点、社会筹一点、政府拨一点”的方式，实现投资主体的多元化。例如，对各类企业按照职工工资总额提取教育培训经费、积极鼓励社会团体和个人捐资赞助农村社区教育工作、对学习者个人回报率较高的职业培训项目按国家有关规定收取费用等，为农村社区教育职业培训的可持续发展提供资金保障。

第二节 新时代农村职业教育发展模式

农村职业教育发展模式是对农村职业教育发展方式、道路的概括性统称，是对农村职业教育发展历史和现实的提炼和概括，为人们认识农村职业教育提供了一个结构框架。农村职业教育发展模式因不同历史时期社会经济发展形势、职业教育政策、区域经济发展水平、文化价值观念的不同而呈现动态变化特征。不同时期、不同地区的农村职业教育发展有不同的模式，不同的农村职业教育发展模式又体现了不同时期、不同地区农村职业教育发展的不同特点、水平和差异。

一、农村职业教育发展模式的内涵与类型

以“农村职业教育发展模式”为中心概念来考察我国农村职业教育发展历史，研判其发展趋势，首先就要对“农村职业教育发展模式”这一概念的内涵、特征有一个分析和界定。由于“农村职业教育发展模式”是一个具有历史性、社会性的概念，所以我们应对其做发展性分析和解读。

（一）农村职业教育发展模式的内涵与特征

1. 农村职业教育发展模式的内涵

“农村职业教育发展模式”集中地回答了一定历史时期、某一个国家

（地区）农村职业教育的发展道路问题，既有理论上的抽象性，也有实践上的易传播性和可操作性，所以在农村职业教育研究中一直备受关注。

研究“农村职业教育发展模式”，首先就要对这个概念进行清晰界定，但这是一件难事。一是对什么是“农村”“农村职业教育”“发展模式”等概念，不同研究者、实践者存在不同的理解；二是随着社会和教育发展形势的变化，这些概念的内涵和外延在不断变化；三是不同层次、类型“模式”的抽象性、概括性、实践性不尽相同，其内涵、外延和要素结构也存在较大差异。有鉴于此，我们有必要先对相关概念做出说明，最后才能对“农村职业教育发展模式”做出界定。

（1）农村与农村职业教育。“农村”是一个与城市相对应的概念，可以从地理学、人口学、社会学、经济学、行政学等多个角度解释。“农村”也是一个动态概念，在城镇化快速发展的今天，一些经济社会发展水平较高的“新农村”已经同城镇没有清晰的地理界限和实质区别，难以在两者之间做出明显区分。“农村”最典型的代表是“乡村”。按行政区划和我国农村社会发展实际，“乡村”主要存在于县域。尽管县域内的建制镇应归属于“城镇”，但它们基本上都是县域内乡村的连接点和农村经济社会生活的中心，与农村居民生产、生活有着千丝万缕的联系。因此，尊重历史和现实，我们依然把县域视为“农村”。

职业教育是培养技能型人才的一种教育类型，它包括各种层次和类别的普通职业学校教育、成人职业学校教育和职业技能培训。“农村职业教育”不是“农村”和“职业教育”的简单叠加。在不同历史时期，“农村职业教育”的对象所指不同，其内涵也各不相同。因此，对不同社会历史语境下的“农村职业教育”应有不同的理解。①进入新世纪前，尤其是在改革开放前的计划经济时代，我国的“农村职业教育”是一种典型的、受地域局限的“传统的农村职业教育”，即“一种在农村、由农村人举办、面向农村人、单向度地培养农村职业人才的职业教育”。这是狭义上的“农村职业教育”。②改革开放后，尤其是进入 21 世纪以来，随着城镇化的加速发展，以及城乡统筹发展的深入推进，“农村职业教育”的内涵逐步发生了变化，在原有意义的基础上，也逐步被解读为一种现代意义上的“面向农村的职业教育”，即“一种突破了地域界限的、面向农村、服务农村经济社会发展的、现代化的职业教育”。这是广义上的“农村职业教育”。

(2) 农村职业教育模式。《现代汉语大词典》中关于“模式”的定义：“某种事物的标准形式或使人可以照着做的标准样式。”“模式”与“模型”不同。“模型”侧重理论抽象，旨在从纯粹的理论研究角度建立一种分析范式；而“模式”则侧重于从实践角度形成一种既具有一定理论抽象性、概括性，同时又有较强操作性的、可以在实践中被广泛传播的一种“照着做”的样式。换言之，“模式”既可以是对实践中那些具有稳定结构和典型特征的问题解决方案的抽象概括和简洁表达，也可以是基于人们理想化的构建，而后在实践中不断完善最终形成的样式。因此，从“模式”形成方式上看，它可以在实践活动开始之前主动被构建，但必须在实践中得到检验和认可，具有可传播性；可以是对实践中那种特点鲜明、有效的问题解决方案和农村职业教育发展道路，经理论抽象后形成的一种简约化的理论表达方式。

依据以上分析和理解，我们可以把“农村职业教育发展模式”理解为“体现某种教育理念或在一定的教育思想指导下，在实践中逐步形成或经由研究者、实践者主动建构，并且能够在实践中得到检验和传播的、有效的关于农村职业教育发展的综合方案”。它主要回答了农村职业教育到底该“如何发展”的关键问题，具有较强的实践指导意义。

2. 农村职业教育发展模式的特征

职业教育与经济发展具有直接关联性。农村职业教育通过职业人才培养、科学知识传播、劳动力职业技能培训等为农村经济社会发展提供教育支持，具有很强的地域特征。我国幅员辽阔，农村社会发展存在严重的不平衡性。从总体上看，农村职业教育发展模式呈现地域性、多样性、稳定性、动态性等特征。

(1) 地域性。尽管随着社会的发展变化，农村职业教育的内涵、目标、对象、办学方式、内容、管理体制等都发生了巨大变化。但是，即使是在城乡一体化快速发展的今天，在县域内举办的各种类型的职业学校教育和农村劳动力职业技能培训，其主要对象大多数还是农村居民，主要目的是为农村社会经济发展培养职业人才。因此，不管具体建构或选择了怎样的农村职业教育发展模式，这种“量身定做”的模式必然具有明显的地域特征。

（2）多样性。“农村职业教育发展模式”的形成受多种因素的影响，如区域职业教育发展历史、区域职业教育发展环境、区域职业教育资源、职业教育办学主体的实践精神和创新能力、地方政府对职业教育的支持力度、企业和社会参与职业教育的广度和深度等。我国农村经济社会发展水平、农村职业教育发展水平存在巨大的地区差异，这种差异性、不平衡性在很大程度上制约了不同地区农村职业教育发展模式的建构和选择。虽然一些成功的农村职业教育发展模式可以在一定范围内传播，可以在情况相似的地区被学习、借鉴，但这种学习和借鉴并不是简单地照搬和复制，需要结合自身的条件和发展需要进行有针对性的改造。因此，从严格意义上说，在不同的农村地区并不存在一模一样的职业教育发展模式，只可能在某种程度上存在职业教育发展模式的“家族相似性”。农村职业教育发展环境、发展形势的变化及其地域性特征，内在地规定了农村职业教育发展模式的多样性。

（3）稳定性。“模式”在形态上是由一些要素结合而形成的稳定样式。一个教育模式的形成，需要一个实践探索和检验的过程。当一个教育模式被成功建构或选择后，就会在一个较长的历史时段内稳定地发挥作用。如果这种稳定性渐渐地被退化为一种墨守成规、因循守旧的惰性，就可能由此出现农村职业教育发展的“路径依赖”“路径锁定”。

（4）动态性。农村社会在发展，农村职业教育也在发展，不同时期农村职业教育的发展形势、重点、任务等都在改变，某个历史时期一种成功的职业教育模式很可能随着形势的变化而渐渐失去发展活力。“稳定”是阶段性的，是相对的，并不存在某种一成不变的农村职业教育发展模式，它需要与时俱进，在理论研究和实践探索中不断创新。

（二）农村职业教育发展模式的类型

“模式”既具有理论概括性，又具有可操作性、可模仿性，在一定程度上填平了理论与实践的鸿沟。因此，农村职业教育研究者和实践者都非常关注农村职业教育发展模式的研究与选择，甚至形成了职业教育研究和实践中的“模式情结”。这一方面反映了“农村职业教育模式”研究和实践的“繁荣”，另一方面也暴露了这种繁荣背后的隐忧。

在我国农村职业教育发展过程中，出现了许许多多的“发展模式”，如满地花落，五彩缤纷，令人目不暇接。从已有研究可以看出，不同称谓的农村职业教育发展模式，其分类标准、内涵大小、概念层次等均存在很大差异。要厘清这些模式之间的相互关系，就必须对其进行相应的类型划分。可以对我国农村职业教育发展模式做出的分类：一是按照促进农村不同区域发展的目标分类产生的宏观综合发展模式，把农村职业教育发展模式大致归为三种，即适应环都市经济圈的“都市服务型”发展模式、适应经济发达地区的“资源开发型”发展模式及适应经济不发达地区的“反贫困型”发展模式；二是按照农村职业教育不同办学主体的组合产生的各类微观发展模式，主要包括校企、校乡、校县、校会、校站所、校校等办学模式；三是按照农村职业教育开展的切入点不同产生的各类发展模式，包括学历教育与培训并举模式、三教统筹模式、农科教结合模式、农村劳动力转移培训模式。尽管这种分类并没有也不可能囊括我国农村职业教育发展的所有模式，但它提供了一个较为清晰的、具有参考价值的基本分类标准和框架。在研究中，我们应注意区别不同模式的实质含义和使用对象，在实践中应根据自身情况和发展需要，主动建构或选择适切的农村职业教育发展模式。

二、我国农村职业教育发展模式的创新

农村职业教育必须适应社会的发展变化，不断创新发展模式，才能获

得发展活力，实现可持续发展。新形势下，我们应正确认识我国农村职业教育发展的指导思想和基本原则，找准着力点，在积极的实践探索和理论建构中，不断创新我国农村职业教育的发展模式。

（一）我国农村职业教育发展模式创新的指导思想与原则

1. 指导思想

思想是行动的指南。我国农村职业教育发展只有坚持正确的思想指导，才能选择正确的发展模式。

（1）坚持“以人为本”的科学发展观。教育的本质是培养人。职业教育只是一种教育类型，它同样要体现“培养人”的实质精神。人是一个有尊严的、和谐的生命体，人的培养是对人身心品质的整体性养成。因此，我国农村职业教育发展模式无论进行何种程度上的创新，都必须“以人为本”，实现从以技能为中心的“生存型的农村职业教育”向以发展为目的的“发展型农村职业教育转变”。

（2）体现终身教育理念。农村职业教育无论建构或选择怎样的发展模式，都必须体现终身教育理念，要把农村职业教育体系作为我国现代职业教育体系的有机组成部分进行重点建设，让接受农村职业教育的受教育者有更多样、更畅通的就学、升学和接受继续教育的通道，有充分的教育自由选择、转轨的机会。

（3）树立教育公平观念。公平是社会的核心价值观，是人类的“共同善”。教育公平是社会公平的“晴雨表”，是社会关注的焦点。随着城乡统筹力度的加大、城乡一体化发展目标日渐清晰，“教育公平”应成为我国农村职业教育发展的思想指导，农村职业教育发展模式的创新应充分体现“教育公平”理念。

（4）彰显“农”字特色。在城镇化快速发展的今天，农村职业教育到底应该如何发展，是一个亟待回答的教育难题。一方面，随着中国社会进入城镇化加速期，农村人口在不断减少，农村职业教育发展面临严重的生存危机；另一方面，我国依然有广大的农村地区存在，新农村建设是我国社会发展的一项基本国策，新农村建设、农村经济发展、农业现代化建设依旧任重道远，农村社会发展急需各种类型和层次的适用技术技能型人才，需要农村职业教育在农村广阔天地大有作为。

不管我们对城镇化背景下的“农村”“农村职业教育”如何理解，有一点我们应坚信不疑，就是农村职业教育一定要面向农村、服务农村，必然不同于城市职业教育，一定要具有鲜明的“农”字特色。由此可以说，农村职业教育发展模式的创新过程必然也是一个农村职业教育“农”字特色不断凝练和逐步彰显的过程。

（5）激发实践主体的创新精神。从我国农村职业教育发展模式的变迁历史可以看出，我国农村职业教育发展形成了多种多样的发展模式。任何一种模式的形成，都是在国家政策指引下，地方政府、职业学校、企业等职业教育发展的实践主体，结合自身实际情况和发展需要，充分发挥积极性、创造性，勇于探索、锐意创新的结晶。在新的历史时期，农村职业教育发展面临新形势、新机遇、新挑战，发展模式的创新需要农村职业教育实践主体鼓起勇气，重启农村职业教育改革的新征程。

2. 基本原则

（1）适应性原则。农村职业教育是面向农村的职业教育。农村职业教育嵌入在农村社会发展的历史脉络之中，必须适应农村社会发展环境。在农村职业教育发展历史上曾经产生了许许多多的发展模式，其中不乏一些在当时很有影响、被广泛学习借鉴的发展模式。这些在具体时空背景下比较成功的农村职业教育发展模式有一个共性特征，即适合具体历史条件下的农村经济社会发展需要。只有农村职业教育的管理体制、办学定位、办学模式、人才培养规格、专业设置、教学模式等与农村经济社会发展需要、发展水平相适应，才能使农村职业教育发展与农村经济社会发展形成良性互动机制，农村职业教育发展才能取得成功。

（2）实效性原则。改革是动力，发展是硬道理。创新大体有两个层面：一是形式上的创新。今天，我们职业教育上的不少改革创新流于形式，“发明”了一些动听的名词，申报了不少奖项，对所谓的“改革成果”进行了巧妙的、色彩绚丽的包装。但实际上，这些所谓的改革创新只不过是“新瓶装旧酒”、炒作概念的“噱头”。二是实质上的创新。这种创新是精心设计和长期实践的产物，是发现和解决新问题的科学探索过程，是办学质量、办学效益、办学声誉的不断提高过程。它把改革创新具体落实在教育管理、教育教学实践的每一个具体环节，关注的是教育质量的实质性提高。不少“新概念”“新名词”只是一个标签，一个“创新假象”。农村职业教育发展模式创新应看这种模式的实际效用，而不是为创新而创新。

（3）区域性原则。发展职业教育是当今世界各国教育发展的基本政策。大力发展我国农村职业教育，是我国国家意志的体现；但到底如何发展职业教育，还是需要生动活泼的、丰富多彩的区域性职业教育实践。从实际情况看，我国农村职业教育大多在农村地区举办，主要面向农村人口，为农村社会培养人才。我国社会发展存在严重的区域不平衡，东部、中西部地区农村社会的发展基础、发展水平也存在显著差异。这种差异体现在自然资源、产业结构、人口素质、发展目标、文化传统、教育基础等方方面面，它们共同构成了农村职业教育发展模式的制约因素。

（4）多样化原则。不同历史时期，农村职业教育面临的形势不同、农村社会发展的任务不同，在某一历史阶段农村职业教育发展的有效模式，可能在下一个历史阶段就失去了存在的合理性；不同的农村地区有不同的区域情形，某一种模式在某一个农村地区很有效，并不意味着在其他农村地区也同样有效，此谓“南橘北枳”。农村职业教育发展必须走多样化的发展道路，各具千秋，才能显现其生命活力。

总之，农村职业教育发展没有千篇一律的公式，没有固定不变的模式，只有不断创新，才能形成适合自身发展需要的发展模式。这种模式才是最优、最好的模式。

（二）我国农村职业教育发展模式创新的着力点

1. 强化问题意识，着力解决农村职业教育供给侧的结构性矛盾

农村职业教育发展模式的创新，应强化问题意识，着力解决农村职业教育发展中的结构性矛盾。今后，农村职业教育发展的重心是大力推进农村职业教育的供给侧结构性改革，激发个体和农村社会发展对农村职业教育的有效需求，不断提高人才培养质量，努力增强农村职业教育的吸引力。

2. 从顶层设计出发，推动城乡职业教育一体化发展

农村职业教育发展模式的创新需要顶层设计，为农村职业教育的长远发展绘制蓝图。这种顶层设计应体现城乡统筹发展思想，推动城乡职业教育一体化发展。

城乡一体化发展需要我们进一步解放思想，秉持公平发展理念，打破城乡二元对立、“就农村谈农村职业教育”的思想桎梏，整体、系统、长远地规划城乡职业教育一体化发展目标、发展路径，在城乡互动、互补、互促中，实现农村职业教育的跨越式发展。

3. 以制度创新推动农村职业教育发展模式创新

制度是镶嵌在一套有意义系统中的规则和运行机制的总和。制度为实践主体提供了认知模板和行为框架，影响了人们的行为选择和行为预期。制度是社会生活和生产的基础，社会发展历史在某种程度上就是一部制度演化的历史。

农村职业教育发展模式的创新是一个全要素的创新，办学主体、专业设置、课程结构、教学评价等要素均被包括在内，但并非所有要素都同等重要，在所有要素中，制度创新才是关键要素。

所谓制度创新，就是使创新者获取最大利益的制度变革。之所以有制度创新，是因为现存的制度安排使行为者失去了获利的能力和机会，只有打破现存制度中的那些阻碍创新的因素，才能使创新者获得未来的追加利益。

农村职业教育发展模式的变革需要制度创新激发变革的内驱力，可以

通过发明、模仿、演进等方式实现农村职业教育制度创新。首先，农村职业教育制度创新应关注制度主体创新，要让企业、学校、社会组织、农村集体组织等都参与制度创新，成为制度创新的主体。其次，关注制度结构优化。制度是一个结构性、关联性的存在，包括核心制度和外围制度。农村职业教育的制度创新不能仅仅关注教育内部的制度创新，还要关注与之配套发挥作用的外围制度的创新，如户籍制度、就业制度等。只有不断完善和优化制度结构，才能有效发挥制度的整体功能。最后，关注路径依赖破解。"路径依赖"的基本含义是制度演化一旦在自我增强机制下选择了一条路径，就会沿着这条路径走下去。路径依赖模式意味着制度安排不会轻易改变，它们无法迅速变化以应对周围环境的改变，支持路径依赖过程的自我强化的反馈机制使组织探索替代性选择变得非常困难。创新我国农村职业教育发展模式需要打破旧的利益格局，破解路径依赖，通过制度创新，激发实践主体的创新活力。

4. 深化校企合作改革

职业教育培养的是技术技能型人才，企业是职业教育的直接受益者，参与举办职业教育是企业应尽的社会责任。职业教育没有企业的参与，就难以实现人才培养目标的合理定位，也难以实现专业结构、课程结构、教学内容的及时更新与优化，人才培养质量也就无从得到保证。

农村职业学校不能关门办学，应在政府的引导、协调和支持下，主动寻求与地方企业合作办学。地方行业协会、涉农企业、农村集体经济组织等也应对学校的合作办学愿望做出积极回应，通过沟通、对话协商，以多种形式灵活地开展校企合作，如共建专业委员会、共同编制课程、共建"双师型"师资队伍、共建实习实训基地等，使农业企业全面、全过程地参与职业人才培养。通过深度的校企合作，逐步建立"农村职业学校－农业企业发展共同体"，实现农村职业教育发展模式的创新。

5. 大力推进现代学徒制

现代学徒制是将传统的学徒培训与现代学校教育思想结合的一种企业

与学校合作的职业教育制度，是一种新型的职业人才培养实现形式。校企合作是前提，工学结合是核心。现代学徒制的典型特征：国家战略层面的制度管理，多元参与的利益相关者机制，以企业为主、工学结合的人才培养模式，以学徒为主的双重身份，统一规范的教育培训标准，与国家职业资格体系的融通。

现代学徒制是当今世界各国普遍实施的职业教育制度。不同国家都实施了适合自身特点的现代学徒制，并且从国家层面颁布了相应的法律政策，建立了相应的管理机构保障其实际推行。

近年来，随着我国农村产业结构的调整、现代农业的快速发展，农村职业教育承担了较多的新型农业经营主体、农村实用人才、青年农场主、科技致富带头人、农村工匠等新型职业农民、农村实用人才的学历教育和技能培训任务。实施现代学徒制可以较好地解决作为成年学习者学习的“工学矛盾”，激发其学习愿望和积极性，增强农村职业教育对农村劳动力的吸引力，这将为农村职业教育开拓新的发展空间和发展路径。

推进学徒制的关键：一是通过立法明确学徒制在职业教育中的地位；二是通过制度建设保障学徒制的顺利实施，包括学徒制的办学主体资格审查制度、经费投入制度、培训包开发制度、基于职业能力的资格认证制度等；三是结合国家重大建设工程、地方经济发展项目等，以项目实施方式推进现代学徒制的具体落实。

6. 走“和而不同”的特色发展道路

在城镇化进程中，农村职业教育要加强与城市职业教育的双向互通互动。但是，城镇化并不意味农村职业教育要与城市职业教育同质化。的确，城镇化进程中的农村职业教育要进行改革创新，如改变传统农村教育单一的以就业为目的的人才培养目标定位，应兼顾就业和升学这两种现实存在的个体需求。但是，这种改革不能以牺牲农村职业教育的特色为代价，不能改变农村职业教育面向农村、服务农村的办学方向定位，在人才规格、专业设置、课程内容、学校网点布局、功能定位等方面都要体现“农”字特色，走与城市职业教育“和而不同”的发展道路。农村职业教育发展模式创新的过程应被合理地理解为农村职业教育特色的凝练和彰显的过程，只有这种意义上的发展模式创新，才能真正促进农村职业教育的可持续发展。

第七章　新时代职业教育服务乡村振兴战略的实施策略

第一节　新时代职业教育助推乡村振兴战略的主要动力

随着时代的不断发展进步，我国也随之步入了一个新的发展阶段，产业升级和经济结构的调整速度逐渐加快，各行各业也加大了对技术技能型人才的需求，进一步凸显了职业教育的重要性。在这一背景下，全面提升农村劳动力职业技能培训水平、改善培训效果、不断增强农村劳动力的综合素质与职业技能，具有非常重要和深远的意义。农业现代化发展的重要使命、城市化进程的不断推进乃至社会长治久安的战略任务，都需要我们不断提高对农村劳动力职业技能培训重要性和紧迫性的认识。同时，农村劳动力职业技能培训是一项系统的社会工程，与当地经济、文化、民生发展有着密不可分的关系，其中涉及农村基础教育、城乡户籍制度、农业科研与推广体系、农村企业发展等方方面面的事务。因此，在实现探索新时代职业教育推动乡村振兴战略发展问题的基础之上，有针对性地提出我国新时代职业教育推动乡村振兴发展战略对策具有重大意义。

一、转变教育思想，重视和加强农村职业教育发展

改革传统的农村职业教育办学理念是促进农村职业教育的发展重中之重。对农村职业教育而言，发挥着重要作用的是各类的职业学校和技能培训机构。针对农村职业教育的发展，要始终坚持“以优良服务为宗旨，以完成就业为导向”的发展理念，在满足市场发展需要的前提下，转变国民计划经济思想；政府政策需要从传统的宏观调控转变为符合新时代新发展的新政策，将调控重点从升学率转移到就业率上来。在新时代的要求下，政府依据市场的需求，将农村职业教育与生产、技术和服务相结合，采用新型订单式培养模式，大力提倡创业指导理念，使农村职业教育有了很大改变。另外，在农村职业教育上，以社会为背景，立足于市场，使学校的办学理念发生了很大的变化，明确了自己的社会责任。在面对市场发展需求时，各行各业的职业教育必须有相应的办学理念。就农村职业教育而言，不能只强调升学率，应该大力提高就业率。由于在农村职业学校进行学习的大部分是农民，是本地区经济的直接就业者，所以对于农村的职业教育就要从实际出发，培养合格的从业人员。这要求有关部门做好相关的职业教育改革工作，以尊重市场为前提，提升综合竞争力。

（一）纠正社会的认知偏差

近几年，为推动农业发展方式的转变，国家开始重视农村职业教育，培育新型职业农民，让所有人都了解到作为一名新型职业农民是值得自豪的。农业产业是社会产业必不可少的一部分，是既具产业属性又有公益属性的高效益行业。而社会主义环境下的新农村是美丽且具有魅力的。

（二）考虑现实的需要，尤其是农民、农业、农村的需要

究其目的，大力发展农村职业教育和农村科技是为了提高农民、农业、农村的教育和科技水平，推动农村的发展。对农民这一群体而言，最有效的便是满足其实际需求，解决他们眼前的问题。由于目前农民对教育、科技需求的满足受众多方面因素的影响效果也需经过多个环节后才能看到，

所以要求政府在解决农民问题时抓住问题的源头，从根本上解决问题，在每个环节中都牢记农民的主体地位，才能提高工作效果。由此可见，农村职业教育与农村科技工作的重要性，这关系到农村经济、文化、社会发展建设的方方面面。从需求层次上来说，当前的农民群体对教育和科技都有着强烈的需求和愿望；或者说，农民主动追求国家的教育、科技资源，迫切想要与相关部门、专家、机构形成一个双向箭头的关系并进行互动。由于当前农村对教育、科技的需求具有多样性和复杂性等特点，所以在进行农村职业教育与农村科技工作时，不能忘记“以农民为中心”的原则，要突出农民的主体地位；在实际工作过程中，要了解农民的实际需求和愿望，建立一个完善的让农民能表达的机制。

（三）强化农民自身对教育和科技的意识

当前我国的农民群体较以前而言更加重视农村职业教育和积极获取农村科技成果，但由于受历史、社会、自身等因素的影响，目前其针对教育、科技的意识还不够强，距离当代农业发展要求还存在一些差距。因此，需要加强农民群体对农村职业教育和科技的重视程度，改变农民被动接受知识的方式，提高农村人力资源和农业科技水平。此外，农民群体具有非常强的效仿能力，他们虽然不愿意去主动接受新鲜事物，但对于能够给他们带来实际效益的技术、理念不会拒绝。因此，在提高农村职业教育与科技服务时，一方面可以扩大宣传的范围，另一方面可以树立依托科教致富的农户典范。扩大宣传范围可以利用网络、广播、电视等传媒，渗透进农民生活的方方面面，让他们在不经意间接受教育、科技理念，让他们自己在尝试后觉得对自己有利，能实际解决问题，让他们能从根本上转变自己的思想，学会主动接受相关信息，从而加强农民的教育、科技意识。树立典范时，要大力表彰，让农民能从自己身边人的身上意识到技术对生产的影响，体会到教育、科技的力量，从而加深农村职业教育、科技的重要性和影响力。

二、坚持协同发展，构建城乡统筹的农村职教体系

新型城镇化是以城乡统筹、城乡一体、产业互动、节约集约、生态宜居、和谐发展为基本特征的城镇化，是大中小城市、小城镇、新型农村社区协调发展、互促共进的城镇化。在以人为核心的前提下，做到“规模、机械、市场、科技”四化同步，推进新型城镇化进程，就要转移大量的农村剩余劳动力并使之市民化。在新型城镇化发展进程中，我国的农业要实现现代化就要依靠高技术、高素质的新型职业农民，而转移大量农村剩余劳动力也就成为必然。因此，提高农民素质、促进农民转移是新型城镇化发展的关键。只有转移农民，才能发展城镇化、实现农业化，而想要农民富裕起来的前提也是转移农民，而构建一个完整的城乡统筹农村职业教育体系也是为了保障大量的农村剩余劳动力转变为符合现代农业需求的新型职业农民。

（一）培养新型职业农民

新型职业农民是指具有科学文化素质、掌握现代农业生产技能、具备一定经营管理能力，以农业生产、经营或服务作为主要职业，以农业收入作为主要生活来源，居住在农村或集镇的农业从业人员。首先，对于新型职业农民的培育应以市场为导向、以振兴乡村为目标，依据农业的产业化、市场化和现代化需求去制订专属的培训计划，针对农业技术、管理和服务人员，根据市场与乡村振兴的实际需求，选择适合他们自身的培训内容和培训方式，以“订单式”的方式进行个性化培育，既能分门别类地进行培育，又能单独提高某些农民的突出技能，进行具有针对性的培训。其次，在培育新型职业农民的过程中，要深入开展调查摸底工作，全面掌握当地农业劳动力状况，以生产经营型职业农民作为重点对象，根据不同类型新型职业农民的从业特点及能力素质要求，科学制订教育培训计划并组织实施；构建一个完整的农村职业教育体系，鼓励与高职院校加强合作，发挥高职院校的作用，通过教师的职能实现资源的共享，开拓教育的渠道与内

容，提高培育的质量与效率，让农民接受更加全面而专业的培训，提高农村群众文化、技术、服务等方面的专业素养。最后，积极探索新型培训模式，如“远程教育＋进村入户”等，多方面满足新型职业农民的需求。可以利用当今高速发展的互联网信息技术，推行线上教学，融合线下培训，使线上线下相结合，推动高职院校发挥对新型职业农民的培育作用。

（二）构建全新的农村职业教育新体系

以县、乡职教中心为主体，依托城市的高等职业学校和农业大学等。在县城，依据各县域的经济发展、产业机构、产业特色的需要保持原有农村职业体系建设，即以“县—乡—村”三级为基础。第一步，加大推进县城职教中心的发展，打造一个能集学历教育、技术推广、扶贫发展、劳动力转移培育和社会生活教育为一体的综合性平台，将其服务网络扩大至社区、村庄、合作社、农场甚至企业。第二步，由乡镇领导牵头，打造一个资源整合性的乡级农村职业教育培训基地和成人文化中心，集合乡镇现有的农村职业教育资源，如农技中心、企业、种植基地等，从实际出发，结合理论，培育新型职业农民。第三步，构建一个完善的沟通机制，连接农村职业教育、城市高等职业教育和农业大学，完善中高职的衔接机制，打通中等职业教育到高职专科到应用型本科再到专业研究生学历之间的上升机制。在招生、培训、师资等各方面加强合作，让农民也能通过通道自行升学，以本领就业。在农民工进城之前，当地的农村职业教育做好自己的本职工作，对他们进行基础性的知识教育和技能培训，加强对《中华人民共和国劳动法》等相关法律的宣传，增强他们的就业法律观，对城市生活方式进行介绍，使他们在进城后能更好地融入城市生活。农民工进城务工，城市要在发展规划中加入对进城农民工的教育和培训，充分利用城市社区教育、职业院校等地方的教育资源，对农民工进行二次教育。

三、加强政府统筹，完善农村职业教育的保障体系

维持农村职业教育的可持续发展性，建立一个完善的农村职业教育体

系是保障其发展的必不可少的因素。因此，我们要在城镇化发展、新农村建设、发展农业现代化、扶贫攻坚工作中发挥我国农村职业教育的基础性和先导性作用，相信农村职业教育在我国现在和未来的发展中将大有作为。而搭建一个完善的农村职业教育发展保障体系，我国政府应从法律、投资、组织、督查、后勤等方面予以规划和建设。

（一）完善健全的农村职业教育法律法规的建设体系

我国的法律有很多都涉及了农村职业教育，由于我国农村发展的一些特殊性，如在特定时期有着特殊任务、人口多等，而且具有复杂、长期、艰巨等特性，所以需要制定专门的与农村职业教育相关的法律。

（二）加快职业资格证书改革，改进职业教师职称评审方法

制定一个全新的职业教师评定方法。新的教师评定需制定新的评审方法，并且上报教育局、人力资源部门及学校相关部门进行备案。让高校直接拥有自主评定职业教师职称的权利，将职称评审、自主评价、按岗聘用一条龙式的权利全部交由高校。对于无法独立完成组织评审的高校，可委托其他高校进行评审或多个高校联合进行评审。高校在建立新的评价体系、完善专家评价机制时，要将师德表现作为评聘的首要条件，提高教学业绩在评聘中的比重，建立以“代表性成果”和实际贡献为主要内容的评价方式。高校可建立绿色通道放宽对海外回归人才、急缺人才的条件限制，如资历、年限等，灵活评审。

（三）构建和完善农村职业教育投入机制

首先，完善政府财政性的职业教育经费投入机制。依法出台一些经费使用标准，如职业院校经费使用标准、公用教育经费投入标准、新型职业农民培育经费标准等。其次，完善资本投入渠道，接受企业、行业、个人等不同社会资本的不同方式的投入。通过一系列方式鼓励企业、行业、个人等社会资本的投入，如财税、宣传、社会信誉等，鼓励他们通过捐赠、参股、基地搭建等多方式推动农村职业教育的发展。最后，可以采用各院校结对子的方式，如农业大学等院校对县城职教中心进行结对定点、定向

扶持，推动县城职教中心的发展。

（四）加强各级领导的责任和义务

中央政府制定农村职业教育办学准入、质量、经费投入标准等相关法律法规规划设计，落实中央对特定区域财政上的转移支付力度。省级政府则负责省内的农村职业教育发展统筹问题，促进省域内农村职业教育和经济的协调发展，做好落实工作。县级政府则是定期向人大汇报教育工作进度，建立以县级领导为主要负责人的完善的农村职业教育联席会制度，联合农业、劳动、教育、科技等部门各司其职、齐心协力为农村职业教育的发展奋斗。

四、注重内涵发展，提高农村职业教育的办学质量

目前，我国的农村职业教育办学水平较低，教学质量也不高，社会吸引力更是不足，这就导致很多优秀学生不愿选择职业教育，更不用说选择农村职业教育了。对于现在的绝大部分学生来说，他们就读于农村职业教育学校只是一种无奈的选择。但他们不知道的是，现在的农村职业教育在我国的新型城镇化、新农村建设、工业化、农业现代化中发挥着极其重要的作用。如今我国政府已做出了大力发展农村职业教育的决策，并且在经费投入、组织领导等方面做出了相应的规定，这些都是发展农村职业教育的重要外部条件。因为外部条件的改善还得靠内因发挥作用，所以真正促进农村职业教育发展的最终动力是内部因素的有机调整和外部因素的改革共同发挥作用；同时，注重农村职业教育的内涵建设，需要大力提高农村职业教育的办学水平，这样才能增加社会对农村职业教育的认同感，增强农村职业教育的吸引力。

（一）国家应合理规划布局农村职业教育的发展方向

根据当地的经济发展水平、产业结构和农民教育发展的需要，合理科学地布局农村职业教育，并且把农村职业教育的发展规划纳入城乡统筹发展计划之中。

（二）国家应培养精通理论、实践能力强的“双师型”教师

着重改革现今注重学历的教师资格选择，改革过于僵化的人事编制制度；加快探索适应我国农村职业教育发展的教师资格人才选拔和增进流动性的人事规章制度；加强新任教师准入制度、在职教师培养制度和探索职业教育学历教育家企业实践的培养方式，国家教育机构应组织促进专业教师轮岗、积极到企业实习并参与实习基地的实践活动，相关部门还需制定新任教师岗前到企业实习的制度。另外，道德水平高的能工巧匠在经过一定的教育理论培养后，就能够担任教师一职。

（三）改革创新人才培养模式

改革创新人才培养模式，首先要改变重理论、轻实践的传统模式，加强“产教融合、工学结合”的培养模式；加强以实践能力为主的教学模式；加强以实践操作为主的考试模式；构建学习内容与课外实践相关联的课程结构；增加创新仿真、虚拟化的信息远程教学模式。其次，建立积极鼓励职业学校学生获得学历证书和职业资格证书的双证制度，并且大力发展现代学徒制，让更多的职业学校和企业在招生、培养过程中能够深度合作，培养理论深、技术精的现代学徒式工人。最后，以不断开展职业技能竞赛的方式，提升社会对职业教育的认可度，促进社会对职业教育质量期待值的提高。

（四）各教育者应健全课程衔接体系

尽可能满足社会经济结构完善、教育技术升级与人们对职业教育的需求，构建职业教育课程标准体系。首先，职业教育的行业、专业与课程内容需标准衔接。其次，各级职业学校的教学内容要与培训机构的基础教学内容进行衔接，这是打通人才上升的通道。再次，职业教育的课程内容要与普通课程教育内容沟通衔接，使学生能根据自身需求自由选择职业教育或普通教育。最后，为了培养具有创新能力和实践能力的高素质人才，更应加大职业教育学生的思想道德建设和人文素质培育。

五、推动产教融合，发挥企业在职业教育中的作用

职业教育的理论知识可以通过学习获得，而具体的实践技能只能通过实践并不断总结经验获得。一个原因是学校资金有限，另一个原因是科技发展迅速，学校提供的已经远远满足不了社会的需要。因此，动手能力只能在一些行业及相关部门得到培育。

（一）把工匠精神与基础教育结合在一起

在全省小学课程中加入实践类课程，并且把实践内容回归到学生综合素质评价中。加强学校劳动教育，开展生产实践体验；积极组织学生观摩和参与行业职业技能竞赛；大力聘请一些专业人员对学生进行授课；积极组织一些贴近生活的实践活动，如“有关职业教育的宣传活动”；等等。有条件的学校要开设有关职业教育的课程，这样更易于学生了解职业。一些实训基地也可以与普通学校联合，也可以在一些企业普遍建设一批高中学校进行试点，增强职业教育对中小学生的吸引力。

（二）推进校企、产教协同育人，完善招生配套改革

推动学校与社会的对接，如上课的内容与教学的过程可以与职业相关对象进行对接；紧贴企业岗位改革教学方式方法，开展项目教学、案例教学、场景教学；鼓励校企合作开展各类竞赛，分国家、省、市、校四个等级进行试点工作，进一步推动试点工作的开展。在试点过程中，不断开发与企业的对接平台，完善教学模式，从而制定严谨的教学标准。明晰学校、企业和学生三方的责权利。

（三）完善产教融合师资队伍建设机制

落实教师队伍建设改革、高校办学自主权有关政策措施，不断探索方法，找到适合职业教育与应用型学校的职务评定方法，建立一个“双师型”认定标准。支持企业技术人才和管理人才到学校任教，鼓励高等学校聘用具有行业企业工作经历的教师，从而建立一个培育“双师型”教师的机制。在这个机制中，学校的专业课老师必须在五年中有不低于六个月的实践经

历，或者每两年有不低于两个月的实践经历，新任教师前三年必须在企业至少实践六个月。

第二节　新时代职业教育助推乡村振兴战略的组织保障

一、基于中央政府视角下的职业教育助推乡村振兴战略

促进农村职业教育的发展需要全面发挥农村教育的劳动分工功能，进一步促进农村经济的增长，这就要求政府重视财政支出的政策功能效用。结合目前我国经济社会发展的现实，我国政府需提高对农村基础、职业、成人教育的重视程度并加大投入力度。

第一，加大对农村基础教育的投入力度，发挥农村职业教育的劳动分工功能，进一步促进农村经济的增长。由于计划生育政策的推行，有效地控制了农村的人口出生率，使广大农民逐步认可优生优育理念。目前，社会大众也更加关注如何更加科学合理地教育农村下一代。作为这个问题的重要一部分，农村的幼儿、小学、中学教育也逐步得到了社会的高度重视和广泛关注。在此基础上，我国政府应制定专门的政策，从地方经济发展的现状出发，强化农村的财政转移支付力度，尤其是在对中西部广大农村居民的教育方面，根据现实来有效满足农村居民对农村教育的需求。

第二，加大对农业职业教育的投入力度，从而更大地发挥农村职业教育的劳动分工功能，进一步推动农村经济的增长。为了进一步发挥农村教育的劳动分工功能，需要强化农村职业教育的投入力度，促进农村职业教育的发展。改革开放以来，我国对农村职业教育的实际投入在整个职业教育投入中占比偏低，这与农村经济社会发展地位是不相符合的。政府应该在教育支出方面全面分析，根据实际比例建立相应的向职业教育倾斜的投

入机制；在这个过程中，需要充分考虑经济社会发展的实际情况，充分重视和改善欠发达的农村职业教育发展状况。

第三，加大对农村成人教育的投入力度，从而更大地发挥农村教育的劳动分工功能，进一步促进农村经济增长。依据我国农村成人教育现阶段的发展状况，加上我国不同行政单位的财政实力，政府不仅要强化对教育发展的投入力度，更应该实施引导性的扶持政策，调动地方办学主体对成人教育投入的积极性，从而全面且有效地推动农村成人教育的发展。一方面，政府需要在了解农村成人教育状况的前提下加大对农村成人教育的投资力度，从而扶持该教育机构的健康发展。另一方面，政府需要通过一些财政支出来支持和引导农村成人教育办学的积极性，从而促进整个教育事业的良性发展。

二、基于地方政府视角下的职业教育助推乡村振兴战略

根据我国目前的教育投资体制，对于教育事业的发展，不仅需要中央政府的财政支出，还需要地方政府引起重视。此外，为了全面促进农村教育的发展，发挥农村教育的劳动分工功能，还要中央与地方保持一致，强化地方政府对教育事业发展的重要作用。

（一）优化教育结构

把发展中等职业教育作为基础，进一步普及高中阶段的教育，从而建设具有中国特色的农村职业教育体系。继续普及高中阶段的教育，使更多的城乡劳动力普遍受到高中教育。进一步改善学校的基本办学条件，在此基础上，加强省级统筹，建好、办好一些职教中心，把重点放在特困地区，至少要建立一所符合当地发展的中等职业技术学校。对各地的中等职业学校的布局结构进行适当的指导、科学配置，把职业教育资源分配好。加大对部分地区职业教育的政策扶持和金融扶持，加强对职业教育东西协作计划的落实，完善对内地少数民族地区的中职教育。进一步完善和更新招生机制，在中等职业学校与普通高中之间建立一个相对统一的招生平台，精

准服务不同地区的需求。积极招收农村未接受中等职业教育的人，让他们成为乡村振兴战略中的一股力量，为农村的发展培育一批新型职业农民。发挥中等职业学校的作用，帮助一些困难学生完成义务教育并学习到职业技能。

（二）加强对农村教育的投入

根据我国农村的发展状况，农村教育只是近年来才被社会所关注和重视，不论从哪个角度看，我国对农村教育事业的投入还不能全面满足实际所需。因此，在中央对农村教育进行大量投入的同时，地方政府要制订配套的投入方案。一方面，满足当地农民对教育的需求，开发农村的教育资源。另一方面，地方的财政支出要保证对农村教育事业的投入，为农村的教育发展奠定相应的财力基础。

（三）重视农村职业教育

根据国家所做的规划进行配套的投入。职业教育的发展随着经济的发展不断引起社会的关注，并且受到了重点关注。尤其是这几年，国家还为职业教育事业的发展出台了许多相关政策。从宏观来看，我国的职业教育已经达到了一种较高的水平，但是由于多方面的原因，农村职业教育能力还不能完全满足经济发展的需求。农村与城镇相比，城镇的投入需求更低。也就是说，我们要从硬件和软件两个方面对农村职业教育进行投入。当国家投入已经满足不了时，就要加强地方对农村职业教育事业的投入。地方政府可以采用直接和间接的投入方式。直接投入即直接进行资金投入，而间接投入则可以通过多种途径对农村职业教育进行投入。

三、基于相互协作视角下的职业教育助推乡村振兴战略

劳动分工功能对农村教育发展具有很大的影响力，充分发挥其功能，从而促进经济的增长，不但需要国家的大量财政支出，更需要地方政府的配套投入。因此，地方政府要重视农村教育的发展问题，促进中央与地方的协作。

（一）中央加强监督与管理

中央各部委积极承担职责，采取各种有效合规的方法和手段，如财政部应该按照规定保证资金精确投入到位；审计部要根据国家所定的政策对地方资金进行审核，严格监督每一笔资金的使用情况，使其按规定得到使用。对于服从国家指令并落实到位的地方政府要及时进行奖励或鼓励，对于违规违纪的地方政府要采取相应措施进行严惩。只有这样，教育经费才能被真正投入教育事业中。

（二）地方政府加强自律，重视农村教育事业的发展

地方政府只有发展农村教育，才能够有效地发挥劳动分工功能，从而促进地方经济的发展。地方政府还要积极寻求教育经费，推动教育事业的可持续发展。尤其要重视农村教育事业的发展，将其纳入地方规划中。

第三节　新时代职业教育助推乡村振兴战略的运行模式

乡村振兴战略是新时代的新要求、新路径、新模式。在乡村振兴战略背景下，应加快职业教育与乡村振兴战略的统一，加快物质思维与文化思维的统一，加快城市发展与乡村发展的统一。同时，将文化创新意识融入职业教育及乡村振兴战略的全过程和多领域中，最终实现乡村的全面振兴。下面根据乡村振兴战略发展所面临的问题，提炼其关键制约因素，基于新时代职业教育角度，构建产业融合、创新发展、人才供给、文化传承四位一体模式，提出职业教育助推乡村振兴战略的新视角、新思维、新方法。

一、新时代职业教育助推乡村振兴战略的产业融合模式

新时代农业的发展是以乡村振兴战略为动员令的，其意义重大、内涵丰富、方向明确，是推进“五位一体”乡村振兴战略的总布局，通过依托

兴旺的产业为基础、培养新型职业人才为途径，大力发展和推进乡村产业的发展和壮大。

（一）产业融合发展模式

深入产业融合发展，延伸产业刺激需求，主要是以通过农业为依托、新型融合主体当引领、利益机制做主干，然后通过多种形式将产业融合发展进行跨界集约化配置和优化组合、有机整合，使产业更加协调发展、创新，从而促进产业链持续延伸、产业范围拓展和农民增收。

1. 依据大众需求深入发展农业产业链

针对大众对农产品加工业、农产品直销、农产品餐饮、农产品物流等一系列农产品服务需求，开办有关农产品的加工与直销店等，从而形成农业生产与农产品营销产业链。农业生产与农产品营销已经成为少数以农业为主的家庭、农村合作社或农业化的龙头企业的主体收入方式，他们也致力于这一产业链的发展，将本土农产品产业链与全球农产品产业链相结合，逐步扩大了资源获取范围，提升了要素及农产品品牌的合作能力，并且从多方面加强了对农产品产业链的控制力及农户对农产品的经营能力，从而提高了农产品产业链的增值能力。

2. 依据大众隐性需求大力发展农产品产业链

通过探寻大众的隐藏性需求，农产品加工、流通企业可建设一些具有生态、高效、优质、安全及高产的农产品原料基地，推进农村其他产业的融合与发展。农产品加工与流通企业要提供数量稳定、质量有保证的农产品，通过了解大众隐性需求，延伸和深化农产品产业链，进一步丰富现代农业产业体系的内涵。例如，有些超市或大型零售商通过了解大众隐性需求，结合产业链的发展现状，发展自有品牌，创新产业模式，大力发展体验经济，深入发掘与凝聚、引导大众的隐性需求，从而促进了农业价值链的发展和升级，以推动农业产业化为基础，向更高的消费方式转变。

3. 农业产品融合集约发展

以农业产业化群体和产业园区为基础，对农村的一、二、三产业进行联合，使其形成集群式和网络式的发展态势。在农业整体发展过程中，通常以一个或几个龙头企业为核心，实现共同发展。农产品加工、农产品与农资流通、涉农服务产业是农业产业区发展的依托。农业产业化龙头企业和产业链核心企业是农业产业的主导，农产品的发展优势和特色农产品的种植（示范）基地（产业带）是农业发展的支撑。在农产品经营企业中，农产品加工、农产品与农资流通、涉农服务产业的精准分工、团结协作、网络互联所产生的农村社会经济空间，集约程度高、经济效益好，对于有效地促进农民增收和建设农产品原料基地具有很好的榜样示范带动作用。

（二）农业质量提高模式

乡村振兴战略主要是以农业供给侧结构性改革为支撑。农业供给侧结构性改革是保证农业产业发展质量的关键。它可以加快农业建设，促进农业现代化发展，提高农业产业的竞争力和发展创造力。其主要是以需求和市场导向为发展目标，以农业供给质量的提高为发展关键，使农业生产从低到高逐渐发展并实现大跨越。

1. 农业发展要依靠科技进步增加农业产量，特别要重视粮食产量和农业生产效率

民以食为天，粮食是国民生计的根本，粮食安全问题是全国人民和党、政府重点关注的问题。在全面深化改革的背景下，我们要对农业领域进行改革，特别要把科学技术运用到农业的生产领域和流通领域中，这样可以有效提高农业的生产效率。

2. 将良种良法配套用于农业生产过程中，提高农业生产效益

在农产品发展过程中，我们要善于运用科学技术，加大对品种的科研投入，培育优良品种，并且将良种与良法相结合，进行精准化生产，使农产品生产更加优质、高效。在实践过程中，我们要注意精准化生产理论与技术的结合。

3. 农机与农技相结合是农业生产发展的标志性过程

在提升农业生产效率过程中，机械化水平的提高发挥着重要作用。农

学是一门科学，主要是指生产有利于人们生产和生活的产品供人们健康使用，而其中有关动植物的科学养殖和种植技术是重要研究点。加强农机与农技的辩证结合，就是要加强农作物的科学种植和育种、完善土壤营养管理，注重除虫、施肥、防治相结合，科学有序地进行土地灌排，推进深加工，在农业机械化发展中的农产品储存、生产和管理。

4. 坚持生产与生态相协调是推进农业科技布局的重要原则

近年来，我国粮食产量逐年稳定增长，为人们的生活提供了基本保障。在农业发展过程中，树立生态文明理念，坚持生产发展与生态文明相协调的原则。

（三）农村产业发展模式

大力拓展农村产业发展空间，需要对农村的一、二、三产进行融合发展。针对农村产品的丰富性和独特性，要大力发展农产品特色，发展农业休闲旅游、特色产品旅游等一系列产业，为乡村的发展提供可靠的战略性支柱；大力发展互联网等现代化技术，实现“互联网＋”电子商务、农业品牌发展业态，在农业产业发展空间中推动新技术、新模式、新理念的发展。

1. 构建“互联网＋”农业信贷平台新模式

“互联网＋”现代农业的发展对我国农业产业发展具有重大意义。在发展“互联网＋”现代农业、制定发展战略的过程中，要以大局为出发点，根据我国农业的发展现状，准确定位发展水平，有目的性、有计划、按步骤前进；坚持协调健康发展理念，及时发现问题，调整并解决问题。由于农业区域发展势头强劲、不同区域农业生产条件不同、特色农业发展方向不同，可以根据不同地区的自然资源和农业生产环境，建立区域农业大数据中心。各地区根据当地农业发展特点，设计数据统计项目，建立详细的数据分析模型，对农业数据信息的年度数据、季度数据和月度数据进行时间维度分级管理和综合分析，挖掘优势；及时对数据进行行动管理和分析，为农业生产经营者提供生产依据和决策依据，将产品的生产与运输详细记录，特别是从田间到餐桌的完整信息记录，使农产品信息更加透明，这种有效的监管可以帮助消费者做出更加合理的消费选择。在此基础上，建立农产品追溯平台，使农产品的生产、流通、销售、监管无缝衔接，既可以对农产品生产者发挥监管作用，也可以为农业经营者乃至农业监管部门解决问题、保护广大消费者合法权益提供依据。因此，“互联网＋”农业信贷平台新机制的建立，促进了整个农产品产业链的全面整合、高效健康发展，实现了农业信息数据共享，促进了多智能体的开发和维护，为农业产业的发展提供了一个高效、安全、数据准确的网络环境。

2. 利用“互联网＋”现代农业信息系统

建立“互联网＋”现代农业信息系统，既可以保护消费者的合法权益，又可以农业信息化为动力，推进农产品购销体制的改革。在信息高速发展的时代，农业发展必须遵循市场发展规律，利用现代信息技术。与一般的信息采集和整理不同，农业信息系统对农业生产信息进行整合和分析后，会做出重要的预测、处理和深入的分析，为以后的农业发展提供智能化生产依据。智能化的农业生产可以节约生产环节的人力物力，使生产资源得到优化配置，还可以保护农业生产和生活环境，实现双赢和可持续发展。现代农业的发展主要依赖农业科技的不断发展，即农业智能化生产水平的不断提高。在我国农业发展的悠久历史中，各地发展水平与方式不尽相同，所以应以全国发展的大局为出发点，结合各地区的自身发展条件和现状，推进各地区的农地流转进程，实现适度规模的农业生产管理，为农业智能化生产提供坚实的基础。

二、新时代职业教育助推乡村振兴战略的创新发展模式

（一）科技创新体系模式

目前，我国农业农村发展最突出的短板主要是农业科技创新水平低、应用不足，人才稀少、农产品技术含量低等，这些造成了农村转型升级、发展滞缓的局面，难以在产业上实现乡村振兴，进而影响乡村振兴整体步

伐。因此，要抓重点，强调乡村振兴，关键振兴产业；补短板，强调补齐农业农村发展短板；强弱项，强调强化科技支撑能力。同时，围绕农村技术技能需求优化科技创新布局，加强职业教育的高科技创新能力，使之成为支柱，提高高科技的使用资源配置效率。科技创新体系是职业教育推动乡村技术振兴战略、促进技术技能积累创新的重要途径。打造一个创新主体协同互动、创新要素顺畅流动、创新资源高效配置的乡村技术振兴科技创新体系，是农村技术技能创新能力建设的基础和保障。

1. 农业科技创新是农业现代化的核心动力

传统农业向现代农业的转变体现了农业现代化进程。它是以先进的农业科技创新为前提的。它的优点体现在多方面，主要包括国家粮食安全有保障、可持续发展能力强、农业结构优化、农业生产技术装备齐全、农业质量效益好、规模经营比重高。科学技术是推动社会进步、实现社会现代化的主要力量。农业科技创新是推进农业现代化的强大助力，是现代农业建设的加速器。农业现代化依靠农业科技创新，优化生产要素，促进农业生产机械化、改良产品品种等。“配置农业资源，降低农业风险”，既可以提高产品的产量，还可以对生产者产生好的影响，促进产品生产和农村社会向现代化方向发展。农业科技创新在农业现代化进程中发挥着重要作用，如促进农业结构优化升级、保障粮食安全、提高技术装备水平和信息化能力等。

2. 农业科技创新是构建现代农业“三大体系”的主导力量

农业产业体系分布范围广，涉及行业广泛、产业层次多。它主要依靠农业科技创新对产业进行融合，以科技实力为支撑点，发挥农业产业的生产功能，进而构建现代农业产业体系。农业生产体系依靠农业科技创新带来的新技术、新生产方式向现代化迈进。在农业科技进步的条件下，逐步优化农业管理体制，提高农业集约化水平，进而完善农业社会化服务，构建农业现代化管理体系。

（二）绿色节能体系模式

绿色节能是乡村振兴战略发展中的主导。职业教育发展促进农村科技发展，实现农业绿色节能，是推进农村现代化的必由之路。农村技术技能的不断创新，科学发展观的不断落实，绿色节能瓶颈的突破，有利于构建农业绿色节能的可持续发展体系。既可以用科技解决环境问题，还可以通过职业教育的观念引导来促进绿色节能发展理念的形成，实现经济可持续发展与生态环境保护的双赢，即职业教育促进农村科技振兴。各地把推进绿色农业发展作为重点任务，结合各自的实际情况，通过农业科技创新促进农业绿色可持续发展，促进现代农业高效优质发展，同时确保农业生态环境可持续发展。

1. 绿色节能发展理念

在世界经济发展的高压下，信息技术是新的发展点，传统发展方式必将得到变革。农村绿色发展是传统产业转移中黑色发展模式下反思的结果，改观、减少高投入、高能耗经济增长理念，是实现节能减排，应对气候变化严峻情况、极端天气和自然灾害，保护人类生命安全和生产安全的重要举措。农村绿色发展使人与自然之间的关系变得和谐，创造了生态宜居的农村人居环境，增强了人们在经济发展过程中的满足感、快乐感、获得感，使人们对美好生活的寄托和向往得以在生活中实现。

2. 农村绿色生态布局

完善农村基础设施，实现村容村貌整洁、生活条件适宜、操作方便、农民出行方便的目标。根据村落现状，充分使用现有建设用地，通过改造、分拣、改建等方式控制新房建设用地，整合土地资源，避免土地闲置、浪费，提高生态环境的生活舒适性，从而达到建设生态合理村庄的目的。规划要有针对性，因地制宜，充分结合地形、水资源系统等自然环境，形成村庄布局与周边自然农业生产环境的有机结合，共同促进山林田野空间形态的生长，有利于凸显现代建筑景观与生态景观的有机结合产生的韵律美。

3. 农村绿色发展促进农业现代化

农村绿色发展可以促进农业发展现代化，加速科技创新，生产绿色产品，引导人们改变传统消费方式，转向绿色生活方式和消费方式，通过低碳生活增强人们的体质，提高健康水平。建设乡村人居环境综合监测平台，实时进行监测，加强农村饮用水水源地水质检测和保护，实现农村污染物和污染源的全程监测，引导公众积极参与农村环境网络监管，从自己做起，一起维护绿色人居环境，共同推进农村绿色经济发展。推进农村绿色发展，既可以完善监管体系，对农村发展有合理规划，明确发展指标和责任，形成长效约束机制，也可以保障经济发展和生态平衡。

三、新时代职业教育助推乡村振兴战略的人才供给模式

（一）职教体制创新模式

职业教育助推乡村振兴战略必须进行职教体制改革和创新，加强乡村振兴人才体系供给。乡村振兴制度供给的关键内容就是农业农村各类人才和高素质劳动者的供给，职业教育的发展为乡村产业提供了实用人才和现代化技术资源，对于不断提高农业生产科技及装备水平、完善农业生产体系、构建与现代市场经济发展相适应的农业生产体系具有重要意义。

1. 实施三大工程

一是强农兴农教育工程。以农业主导产业发展为核心，向广大农民开放与农业生产相关的职业教育，达到引进项目、培训人才、形成产业、富裕百姓的效果。二是劳务经济教育工程。以促进农村劳动力转移为目标，向广大农民开展引导培训和职业技能培训，使他们能够掌握几项能够适应二、三产业发展所需的专业技能，以此提高其在劳动力市场上的竞争能力，不容易被社会淘汰。三是农民创业教育工程。对有意向创业并具备一定能力的农民，给他们提供创业指导以提高其成功率，开展的项目有企业基础知识、经营管理能力、市场调查能力和职业道德培训。

2. 推行三种模式

一是推行校企联合办学模式。引入市场化机制，学校与企业合作，双方各取所需，学校依据企业提出的标准招生并开展订单式培训教育，企业按标准考核和接收合格人员，双方按合同约定结算费用，推进农民职业教育市场化，实现双赢。二是推行“中介机构＋培训机构”教育模式。中介机构就市场劳务信息和用工要求，与培训机构联合共同组织农民培训教育，增强教育的针对性。三是开展现代远程教育。通过电视广播、互联网、函授等教育形式对农民开展引导性培训。

（二）专业能力提高模式

人才结构性改革是乡村振兴人才支撑的重要模式，农村职业教育学校特别是县级职教中心坚持面向当地各个产业对劳动者的需求设置相关专业，与乡级和村级农民文化技术学校合作，构建三级农村职业教育与培训网络，按照“一乡一业”“一村一品”的发展需要，不断调整专业结构和优化课程体系，为当地现代农业发展、农村劳动力转移和农村城镇化建设培养大量人才。

1. 农业上的突破解决现实和经济需求问题

高等教育对农业的研究符合现实要求，能够解决一些根本上的问题。例如，著名科学家袁隆平研制的杂交水稻，通过从遗传学角度综合不同品种的优良性状进行杂交，研究出了优良性状不同品种的杂交水稻，使水稻产量跨越式提高，对社会做出了巨大贡献。由此可见，高等教育在农业中占有非常重要的地位。

2. 科学研究需要高标准的人才支撑

科学研究需要对科研产品有充分的认识，对科研产品的认识取决于科研人员对相关知识的掌握程度，也直接决定了研究的高度。如果想获得出色的科研成果，就必须具备非常扎实的专业基础知识。除此之外，我们还要有实践精神，不怕辛苦，努力工作。在研究中，视野也是非常重要的，需要我们对农业有足够的了解，对于农业生产有着足够的经验。

3. 实践出真知

高等教育是以为社会培养有用的人为目标，因此要立足于实践，对农业实践的认识和实际操作能力是其学生培养的重点，使其能够探索和发现农业存在的问题。实践与专业知识的有机结合，是有用人才建设的重要途径。在农业高等职业教育中，要着重培养学生的认知和实践能力，加强学生对农业的相关思想建设，使他们能够对农业产生兴趣并努力学习，将身心投入农村农业建设中去。

（三）人才有机衔接模式

吸引行业企业深度参与，推进农村职业教育改革发展，加强农村职业学校建设，促进社会各界资源共享和责任分担，全面推进农村人才培养供求侧结构性要素整合，推进人才培养领域供给侧结构性改革，实现农村教育链中人才链、产业链和创新链的有机衔接，开创国内职业教育一体化、校企合作新局面。

1. 提高相关人员素质

乡村振兴现如今是现代社会文明发展的重要组成部分。中国农村地区广泛，所以要让相关人员充分认识到各类优秀人才是农村振兴的重要资源。

2. 现有人才数量有限，农村振兴任务不能得到很好地分配

随着现代经济社会的发展，农村地区的农业人才流失越来越严重。青年劳动力的走失使我国农村劳动力严重不足，使我国的农业发展进展缓慢，加大了乡村振兴的难度。

3. 人才结构不均衡，阻碍了乡村振兴

社会经济文明的不断发展会带来更多的效益，同时也会带来一些的困难和影响。目前，我国农村人力资源结构存在很大差异。老年人居多，使农村各项生产活动不能正常开展；一部分人虽然可以为农村建设做出贡献，却不能适应农村振兴的更高要求，在更多领域挖掘和培养优秀人才难度更大。

四、新时代职业教育助推乡村振兴战略的文化传承模式

根据时代要求，“实施乡村振兴战略”“坚持农业农村优先发展”已是我国乡村发展的新蓝图，也是今后我国乡村发展的总目标。乡村振兴战略离不开乡村文化的引领，通过职业教育结合乡村文化构建乡村振兴战略新模式，以激发乡村发展的内生动力和外在推力。

（一）旅游融合发展模式

文化本身并不能直接产生经济效益，可以通过职业教育结合乡村文化，促进与新型旅游业的融合，产生叠加效应。文化是旅游的灵魂，旅游是文化的载体。只有大力发展乡村文化旅游，才能促进乡村文化由精神向物质的转化。

1. 转变发展动力机制

我国农村文化旅游大多数是由农村居民为了经济或其他因素自主开发而形成的，在这一过程中，乡村文化旅游难以避免地存在许多问题。在新时代背景下，要充分发挥政府的作用，政府不仅作为主导者，同时也是协调者，应该把乡村文化旅游与美丽乡村建设有机结合起来，统筹规划乡村基础设施建设和乡村旅游项目，因地制宜，就地取材，充分尊重农村居民意愿，实施乡村旅游景区区域布局和差异化设计，尽全力打造具有地方特色的乡村文化旅游发展品牌。

2. 整合全域旅游理念

从区域规模这一角度来看，乡村是开展全域旅游最适宜的空间和场所之一。优秀的乡土文化气息和雄厚的农业文化资源是发展乡村旅游的重要基础，是乡村文化旅游与其他旅游最大的区别。同时，农村的不可分割性使农民个体难以为游客提供全面的乡村文化旅游体验，只有农村居民全体参与和共同推动，才能形成吸引游客的乡村文化旅游。从整个农村的角度出发，整合农村独特的文化资源，推进农村居民积极参与的民俗村建设，可以使农村文化旅游焕发长久的生命力。

3. 注重农业文化的继承与创新

中华文明上下5000多年的悠久发展历史孕育了灿烂的农耕文化，为各地发展乡村文化旅游提供了适宜的土壤，提供了优质的旅游资源。优秀的农耕文化是乡村旅游发展的灵魂，是乡村文化旅游最重要的竞争优势之一。积极推进农耕文化的保护、传承和创新，是农村文化旅游可持续发展的内在要求。要充分挖掘农村农耕文化旅游资源，增强全体社会对农耕文化资源的保护意识，积极继承和发展农耕技术、农风民俗、传统风情、饮食服饰、传统民居等优秀农耕文化，将其融入乡村文化旅游的各个方面，不断满足游客亲身体验农耕文化的要求。

4. 积极建设生态宜居新村

农村文化旅游对农村生态环境的好坏具有很强的依赖性，这也就要求各地区在发展农村文化旅游时必须坚持“绿水青山就是金山银山”的理念，注重生态保护、绿色发展。在资源开发和工程建设过程中，运用生态文明建设理念和方法，以推进厕所革命为契机，以建设美丽农村为载体，加大对农村街道、河道治理和生活垃圾、污水处理设施等的建设力度，通过美化、绿化等一系列措施，优化农村生活居住环境，全面提升农村居民的生活质量和游客在当地的旅游体验。

（二）文化传承创新模式

支持民族地区职业院校着重开发一批能体现乡村特色文化、具有产业化发展前景的乡村传统技艺专业，传承创新民族文化、民族技艺。鼓励乡村文化资源由静态保护转向开发利用，促进乡村文化价值与经济价值相统一，使文化真正成为支撑乡村振兴战略发展的宝贵财富。

1. 确立农民在文化中的主体地位

乡村振兴不仅要为村民的现代化生活提供物质基础，更要为和谐乡村的重建提供精神营养。在中央大政方针政策已经明确的情况下，乡村治理需要在土地制度完善、农业服务体系建设、公用设施建设和管理、农民社会保障等方面取得突破。要实现农民文化发展权，需要将政府由主导向多元参与的格局转变，把乡村建设的核心领导层转变成多元素的核心，并且实现乡村多元化的实施者和落实者都必须是农民，以农民为主体，农民是乡村活动的主体。具体来说，就是在村民自治制度和文化建设中确立农民的主体地位，以程序和制度规范文化的建设。当前，我国农村文化建设的主要任务是将制度安排与基层农民的利益相结合，将两者之间的关系协调统一、求同存异，有赖于农村的多元参与机制。通过以农民为核心，包括媒体、乡村精英、村干部、基层政府等多元主体的共同努力，不仅能弥补基层政府公共文化服务能力不足的问题，而且能更好地实现农民的文化权利，调动农民的积极性。

2. 培育农民的地方文化认同

优秀的乡土文化是中华民族的传统文化，是文化的源泉，也是农民乡土感情的载体。乡土文化具有生活性、自然性和乡土性的特点，是绽放在广阔土壤上的鲜花，是农民对生活的希望。乡土文化建设主要是培养农民的价值认同，由城市向多元化的进展与融合。但是，在融合过程中，工业的文明与城市文明可能会给当地人民带来影响。因此，我们在进行乡村振兴的时候，应该发展乡土文化，把农民对土地的认知和文化归属培养起来，使他们在建设中要有强烈的责任感和使命感，将他们对农村振兴的这种情怀转化为对国家的一种认同和对民族的一种认知，深入开展乡土文化教育，把好的文化宣贯到学校教育中，让学生从小便对乡土文化产生浓厚的兴趣，在成长过程中，对乡村文化能够有很好的认知，从而促进一代代人对乡土文化的传承和有效发展。

3. 传承乡村地方文化是现如今乡村振兴的重要发展趋势

在乡村发展过程中，如果想要取得先进的成果，乡村必须自己培育人才，想办法留住人才，吸引人才在乡创业。但是，随着城市化进程的加快，很多乡村精英人才不断外流，他们逐渐走向城镇，乡村建设人才流失严重。这就要求我们应该这样几点：一是保护现有的民间艺人。虽然农村文化发展滞后是目前的主要问题，但是农村文化并不是粗浅的知识，反而有着丰富的地方文化资源，是当地各类艺人智慧的结晶，如印刷、相声、剪纸、戏曲、杂技等传统民间艺术，深受群众喜爱，具有很强的传承力。因此，在地方文化建设中，要建立一个文化库，给予这些民间艺人一些补助或资助，鼓励他们大力保护、传承乡村文化艺术。二是培育文化农民。农民是地方文化建设的主力军，也是地方文化的主要传承者和创造者，当地文化的发展离不开懂得艺术的农民。三是设立乡村文化基金委员会，既可以对乡村文化进行保护，也可以使这些农民艺术家更好地发展文化艺术，保护当地的文化意识。但是，这些教育经费不仅仅是对艺术传承的扶持，应该鼓励农民自己进行创新，促进文化艺术多形式发展。四是重视教育，积极整合相关资源。教育是乡村振兴之本，是农业建设的重要环节。教育是培养地方精英最根本、最有效的措施。在我国的城镇规划中，教育资源要向农村倾斜，不能仅仅集中在城市，应注重乡村学校建设、教师质量与师资队伍及配套有效设施建设，还应该对现有的教育资源进行多形式的整合和培训，开展地方文化教育，培养地方导师，让每一个人确保有专业导师的指导和辅助。有条件的还可以开设地方人才培训班，聘请各类专业艺术人士进行培训，使乡土艺术不仅仅在家人之间传播，还能全面开展，使文化艺术的传承更加源远流长。同时，还可以宣传当地文化艺术，提高专业艺人的表演能力。

4. 社会主义核心价值观的建立是引领机制

在乡土文化传承过程中，精神意志抵抗能力弱的农民容易在精神信仰方面产生迷茫，从而产生一种主流淡化的意识形态，很难形成对社会道德和规范的强烈认同。因此，乡土文化的传承要从多方面开展，注重乡土文化的发展趋势与社会主义核心价值观之间的关系，以社会主义核心价值观为主体，引导乡村文化多元发展，从而增加农民对乡土文化的凝聚力和创造力。在乡土文化发展过程中，我们应该将其内在的文化基因和精神内涵进行充分挖掘，处理好乡土文化与社会主义核心价值观之间的关系，将乡土文化中美好的一面积极发扬，如勤俭质朴、和谐共生等，将其融入时代，将诚信、勤劳、互助、淳朴、仁爱等融入其中，使二者之间形成双向的良性互动，共同吸收文化的优点。这样既发扬了社会主义核心价值观，又使乡土文化有了很好的文化体现，使之具有文化的历史韵味，也有时代韵味。

（三）功能完善配套模式

创建乡村文化示范性职业学校，发展乡村经济管理体系，要以政府推动为主导，将乡村的经费进行实时落实，既可以保证文化的传承，也可以保证乡村的生活水平。按照一定的比例将经费使用在文化设施建设中，将其列入市县财政预算，减轻城镇与乡村之间的发展不平衡，使公共服务公平化。

随着社会经济和城市化的不断发展，以人为本的新型城市化，加上工业化、信息化和农业现代化的共同发展，人们有了比以往更好的居住选择，人口流动也不断增加。农村人口不断向城市聚集，小城镇往大城市前进，久而久之，农村人口、学生数量锐减，但目前还不会消亡。农村经济在社会经济中还有一定地位，农村地区将长期存在，一些偏远的学校，特别是农村小学和教学场所也将长期存在。国家的义务教育是农村基础教育的重要组成部分，农村教师队伍的建设是乡村教育发展的重点。

目前，追求教育机会均等已逐渐成为教育职能优化配置的主要内容。由于个人天资、禀赋及社会经济地位的差异，教育公平的重点是给予每个人公平发展和竞争的机会。从本质上讲，教育机会均等与教育职能完善配置的公平性有关。教育职能的公平配置是指教育资源的配置应以机会均等为原则，保证参与教育资源配置的每个人都能获得平等的机会，即教育职能的配置应保证每个学校或在同等条件下每个人都有平等的机会享受平等的教育资源。

（四）城乡统筹发展模式

乡村文化是实现乡村振兴战略的基础和保障，是乡村建设的灵魂所在。因此，要把乡村文化建设摆在更加突出的位置，结合职业教育实施乡村文化振兴工程，建立健全乡村文化机制，推进乡村文化建设各项目标任务落到实处，加快城乡统筹发展。

1. 推进城乡一体化，解决两者之间的要素配置问题

城乡发展不平衡主要是要素配置的不平衡。长期以来，城市中心的生产要素一直往周边地区流动，造成了农牧区的“贫血”问题，所以要优先发展农业和农村，打破城乡二元固化结构，统筹城乡发展，促进城乡人才、土地、资金、技术、信息等要素双向流动。在加快要素流通的基础上，还应建立现代农业产业体系，对农业科技进行创新和推广，创立具有本地特色的绿色有机农产品，不断进行新的研发和培育新的经营主体，促进一、二、三产业融合发展，构建更加活跃的现代农业经营体系。同时，确保经济建设和生态保护，保持山川秀美。

2. 推进城乡一体化融合，需要加强农村公共服务建设

加强农村基础设施建设需要加大资金投入，推进城市生活基础设施向农村的延伸，加大对水、电、路、宽带、物流等方面的投入和建设，实现城乡基础设施一体化；在农村优先安排公共服务，积极推进教育、医疗卫生、社会保障、养老、文化体育等公共服务为农村基础设施建设服务，促进城乡统一；对城乡基本公共服务标准和制度进行整合，实现从形式上的包容向实质上的公平转变。

3. 推进城乡一体化，要坚持改革驱动的原则

深化农村改革，为农村发展增添活力，对农村承包地制度进行改革，特别是对集体产权制度的改革，继续推进村集体经济“破零”工程，使乡村财政有保障，同时完善农村金融服务体系，深化农业领域改革。不断完善农业转移人口市民化机制，对户籍制度进行深化改革，既扩大了城市的包容性，也使农民工可以尽快熟悉新环境。通过改进和突破，可以唤醒和激活农村的资源活力，激发农民的积极性和主动性，进而从根本上激发农村的经济活力。

4. 城乡融合发展，要充分发挥基层党组织的作用

走城乡融合发展新道路，在乡村振兴战略实施过程中，我们要坚持党

的领导，基层党组织和基层干部要积极落实党的政策，发挥“神经末梢”作用。推进农村基层党组织建设是实施乡村振兴战略的重要保证。当前，坚持五级书记推进农村工作，加强对村党组织的整顿，选拔优秀人才成为基层干部，采取措施以人为本，着力培养懂农业的“三农”工作队伍，发挥农村基层党组织的战斗力。

无论是何种模式，都需要通过乡村职业教育的激发和推动，促进模式的落地实践和不断完善，进而助推乡村振兴战略的有效落实，推进乡村社会政治、经济、文化的全面发展。

参考文献

[1] 赵政. 乡村振兴战略研究［M］. 西安：西北工业大学出版社，2021.

[2] 李华玲，张珍. 农村职业教育服务西南民族地区脱贫振兴研究［M］. 北京：光明日报出版社，2021.

[3] 张力跃. 受教育者视界中的农村职业教育困境与破解［M］. 天津：天津大学出版社，2011.

[4] 刘振伟. 万世根本：乡村振兴法律制度［M］. 北京：中国民主法制出版社，2021.

[5] 徐敏. 新时代职业教育助推乡村振兴战略的服务体系及策略研究［M］. 北京：北京理工大学出版社，2020.

[6] 刘文奎. 乡村振兴与可持续发展之路［M］. 北京：商务印书馆，2021.

[7] 王智猛. 脱贫攻坚与乡村振兴的理论与实践［M］. 成都：四川大学出版社，2021.

[8] 黄春荣. 职业教育扶贫研究与实践［M］. 北京：北京理工大学出版社，2020.

[9] 姜晶，倪艳婷. 乡村振兴——实践探索与典型案例［M］. 济南：山东科学技术出版社，2021.

[10] 施玮，吴赢，等. 特色文化＋乡村振兴：模式、方法与个案［M］. 厦门大学出版社，2021.

[11] 许维勤. 乡村治理与乡村振兴 [M]. 厦门：鹭江出版社，2020.

[12] 张晓山. 乡村振兴战略：城乡融合发展中的乡村振兴 [M]. 广州：广东经济出版社，2020.

[13] 王美玲，李晓妍，刘丽楠. 乡村振兴探索与实践 [M]. 银川：宁夏人民出版社，2020.

[14] 郑辽吉. 特产开发与乡村振兴 [M]. 沈阳：东北大学出版社，2020.

[15] 高珂，任致伟，张彧. 乡村振兴 齐鲁样板 [M]. 济南：济南出版社，2020.

[16] 肖凤良，唐元松，银锋. 新时代乡村振兴战略：2017 年思政课社会实践调查报告 [M]. 北京：光明日报出版社，2020.

[17] 杨彦峰. 乡村旅游乡村振兴的路径与实践 [M]. 北京：中国旅游出版社，2020.

[18] 马晓龙. 乡村振兴战略与乡村旅游发展 [M]. 北京：中国旅游出版社，2020.

[19] 陆超. 读懂乡村振兴：战略与实践 [M]. 上海：上海社会科学院出版社，2020.

[20] 严碧华. 中国乡村振兴示范村：花园村 [M]. 沈阳：东北大学出版社，2020.

[21] 马建富，陈春霞，吕莉敏. 乡村振兴与农村职业教育变革 [M]. 北京：知识产权出版社，2020.

[22] 高奇. 职业教育原理 [M]. 北京：光明日报出版社，2019.

[23] 代改珍. 乡村振兴的文旅密码：以亲子文旅为例 [M]. 北京：中国旅游出版社，2019.

[24] 李延平，陈鹏，祁占勇. 我国当代农村职业教育研究 [M]. 西安：陕西师范大学出版总社，2018.

[25] 唐智彬. 新型城镇化进程中农村职业教育发展的理论与模式